Michael H. F. Brock
Über Wasser gehen

Michael H. F. Brock

Über Wasser gehen

Jesus von Nazaret –
Antwort auf die Krise des Glaubens

Patmos Verlag

VERLAGSGRUPPE PATMOS

PATMOS
ESCHBACH
GRUNEWALD
THORBECKE
SCHWABEN
VER SACRUM

Die Verlagsgruppe
mit Sinn für das Leben

Die biblische Landkarte basiert auf Grundlage der Karte:
Das Land der Bibel zur Zeit des Neuen Testaments,
© 2016 Deutsche Bibelgesellschaft, Stuttgart.

Für die Verlagsgruppe Patmos ist Nachhaltigkeit ein wichtiger
Maßstab ihres Handelns. Wir achten daher auf den Einsatz
umweltschonender Ressourcen und Materialien.

Umschlaggestaltung: Finken & Bumiller
Umschlagabbildung: Tyler Olson/shutterstock
Satz: Schwabenverlag AG, Ostfildern
Druck: CPI books GmbH, Leck
Hergestellt in Deutschland
ISBN 978-3-8436-1270-8

Inhalt

Und als Jesus getauft war,
stieg er sogleich aus dem Wasser herauf;
und siehe, die Himmel wurden ihm geöffnet,
und er sah den Geist Gottes wie eine Taube
herabfahren und auf sich kommen.
Und siehe, eine Stimme kommt aus den Himmeln,
welche spricht: Dieser ist mein geliebter Sohn,
an dem ich Wohlgefallen gefunden habe.

Matthäus 3,13–17

Ein Wort voraus

Ich habe mein ganzes Leben mit und in der Kirche verbracht. Als Kind habe ich meinen Glauben gelernt. Halt! Um es präzise zu sagen, ich habe den Glauben der Kirche gelernt, der katholischen. Darin war ich zuhause. Gemeinschaft war wichtig, Gottesdienst, Liturgie und Verkündigung. Ich gehöre zu der Generation, die in ihrer Jugend noch gerne Gottesdienst gefeiert hat. Engagiert war ich in der Katholischen Jugend. Gerne habe ich Theologie studiert und Priester bin ich aus Überzeugung geworden. Heute muss ich bekennen, dass es mir über viele Jahre nicht aufgefallen ist, dass wir in unserer Kirche eine Sprache sprechen und Inhalte für wichtig halten, die die Menschen unserer Zeit immer weniger verstehen, brauchen, für wichtig halten.

Ich habe viel gelernt, was es bedeutet, nach Wahrheit zu suchen, Liturgie zu feiern. Und Verkündigung war immer meine Leidenschaft. Aber es werden immer weniger, die sich dafür interessieren, wie wir in unserer Kirche unseren Glauben leben. Anfangs dachte ich, es wäre nur unsere Sprache, die Sprache der Liturgie und die Sprache der Verkündigung, die nicht mehr stimmt. Und daran habe ich gearbeitet: an der Sprache. Bis mir klar wurde, dass es nicht die Sprache ist, sondern der Glaube an sich und wie wir ihn leben, der die Menschen zweifeln lässt. Denn Menschen spürten schneller als die Kirchen, wie sehr der

Glaube Menschen voneinander trennt. Der Glaube kann persönlicher Halt sein, auch für Einzelne, für Gruppen oder Kirchen. Aber die Menschen führt der Glaube nicht zusammen. Weil er sich aufgesplittert hat und wahrscheinlich schon immer hatte, in Gemeinschaften von Gläubigen, die ihre je eigene Art, ihn zu leben, für die richtige halten. Daraus erwächst aber nur Abgrenzung.

Wie viele Jahrhunderte haben wir damit verbracht, die Menschen zu trennen in Völker, Kulturen und Religionen, die das Heil in der Abgrenzung suchten. Wie viele Kriege haben wir geführt und Glaubensfragen zur Begründung hergenommen. Aber die Zeit ist vorbei. Menschen begreifen, dass die großen Probleme unseres Planeten nicht mehr durch Grenzziehung zu befrieden sind. Klima, Wirtschaft, Lebensraum, Wasser, Nahrung, Pandemien. Alles Fragen, die nach globalen Lösungen verlangen.

Und auch die Frage: Wer sind wir? Wer sind wir als Menschen und wer sind wir als Menschheit, bedarf einer Antwort für alle. Nicht nur für einzelne Nationen, Religionen und Kulturen. Ich bin davon überzeugt, in Jesus aus Nazaret, dem Menschen, eine Persönlichkeit in der Geschichte der Menschheit gefunden zu haben, die verstanden hat, wer wir als Menschen sind, vor Gott und füreinander. Er hat es nicht von Anfang an gewusst. Auch er musste lernen, hat Krisen durchlebt, hat Fehler gemacht, hat sich entwickelt, ist gereift. Und er hatte eine Vision. Er hatte die Vision vom Menschen und von Gott als gemeinsame Beziehungsgeschichte zwischen Himmel und Erde ohne Gewalt und Gericht.

Heute sind wir in der Lage, durch Exegese und vor allem durch Archäologie ein Bild eines Menschen wiederzufinden, der durch Tradition verschüttet ist. Vor allem die Archäologie ist mir wichtig: Archäologie bereichert das Denken und Fühlen, dem Nachspüren in dem Land, in dem Jesus gelebt hat. Sie dient nicht der Rechtfertigung und liefert keine Beweise. Aber sie belegt Alltagsgeschichte und lässt uns entdecken, in welchen Lebenswelten Jesus gelebt hat. Wahrheiten werden wir nicht finden. Das übersteigt auch die Möglichkeiten von Archäologie. Aber es entstehen Bilder in unseren Köpfen, gleichsam eine Bühne, auf der sich menschliches Leben nachzeichnen lässt und wo sich Geschichte ereignet hat.

Das Leben des Jesus von Nazaret. Wie hat er gelebt? Welche Fragen haben ihn und die Menschen seiner Zeit beschäftigt? Welche Antworten gab seine Tradition? Welche Antworten gab er, nachdem er den Himmel geöffnet sah? Vor allem aber: Wie hat er sich als Person empfunden inmitten einer Chaoswelt? Einer Welt, die in ihrer Komplexität unserer sehr ähnlich ist. Es braucht Orientierung. Ich orientiere mich an seinem Leben, seinen Lebenswelten. Wir können keine Biografie schreiben, aber doch Mosaiksteine zusammentragen, aus denen sich ein Bild ergibt. Dem Leben Jesu habe ich seit vielen Jahren immer wieder in Israel nachgeforscht. Dabei bin ich nie allein unterwegs. Ich habe immer Menschen bei mir, die mit mir auf der Suche sind. In diesem Buch sind es Philipp, ein alter Studienkollege, der mir im Wissen um Geopolitik und Archäologie weit voraus ist, und Eveline. Eveline ist siebenundzwanzig Jahre alt. Klein, Erzieherin. Sie hatte einen Hund fast vierzehn Jahre lang und ein Account bei Instagram. Geboren in Sri Lanka, aufgewachsen im Schwabenland. Und sie hat Fragen: Warum bin ich auf dieser Welt? Was soll mit mir mal werden? Also Klartext. Sie ist wie wir alle auf der Suche nach sich und der Frage, was diese Welt als Ganzes zusammenhält. Sie hat keine große Berührung mit Kirche. Aber sie ist neugierig. Neugierig, ob ihr der Jesus, den ich ihr zeigen möchte, ein paar Antworten bereithält. Eine Gruppe von Mitarbeiterinnen und Mitarbeitern des Berufsbildungswerkes Adolf Aich, eine Einrichtung der Stiftung Liebenau, ist bei der letzten Reise dabei gewesen. Eveline ist Teil dieser Gruppe. Jeder hatte Fragen, Eindrücke, machte Erfahrungen. In diesem Buch überlasse ich die Gespräche meist Eveline. Das ist einfacher zu lesen. Und es kommt mir auf Fragen und die möglichen Antworten an. Sie hätten von jedem und jeder gestellt werden können. Im Buch führe ich die Dialoge mit Eveline. Manche real, andere nachempfunden. Wichtig ist mir: Die Fragen wurden gestellt und wir haben Antwort gefunden. Jesus von Nazaret, eine Person, an die man nicht glauben muss, sondern ein Mensch, dem es zu folgen lohnt. Und darum ging es ihm zeit seines Lebens. Er wollte Nachfolge und eine Menschheit, die sich um einen Gott versammelt, der sie alle eint, weil wir Menschen sind mit einem gemeinsamen Ursprung und Ziel. Geboren aus der Liebe Abbas, des geliebten und liebenden Vaters, um Mensch zu werden. Jeder so, wie er gedacht ist. Gerecht und barmherzig zu leben, um heimzukehren dann in den gemeinsamen Himmel.

In einzelnen Passagen war es mir wichtig, die Bibel direkt zu Wort kommen zu lassen. Hier verwende ich meist die Elberfelder Bibel. Sie ist einigermaßen wortgetreu und doch lesbar.

Ich danke Eveline und Philipp und der ganzen Gruppe für die vielen Anregungen zu diesem Buch. Und ich empfinde Dankbarkeit dafür, dass ich heute ahne, um was es der Kirche und im Glauben wieder gehen darf. Es sollte um das Menschsein gehen, um geglückte Menschlichkeit und gelebte Caritas.

Michael H. F. Brock

Wie alles begann

Auf den Feldern von Betlehem

Wir fahren die Autobahn hinauf nach Betlehem. Wir nehmen den Weg von Osten her und durchqueren das judäische Bergland und die judäische Wüste. Eigentlich ist es eher eine Steppe, eine Halbwüste. Sie liegt zwischen Jerusalem und dem Toten Meer im heutigen Westjordantal. Von Terrassen und Steilhängen geprägt endet sie steil abfallend im Jordanland. Es ist August und alles erscheint grau, steinig, trostlos. Hin und wieder finden sich Steine, die wie Linien auf einen Punkt zulaufen. Für das geübte Auge künstliche Wasserführungen aus Frühjahr und Herbst, die Zisternen mit Wasser befüllen. Mitten in der Steppe findet sich Leben. Lebendig wird sie im Frühjahr, dann blüht die Wüste. Zwölf Kilometer vor Jerusalem – gleichsam die Wüste bewachend – thront das Herodeion als Palastburg bei Betlehem, in dessen Schatten sich sowohl die Stadt als auch die Hirtenfelder befinden. Herodes der Große hat sie erbaut. Machtvoll im Süden Jerusalems ist es ein Mahnmal der Macht. Archäologen meinen, das Grab des Herodes hier gefunden zu haben. Es ist umstritten. Unumstritten ist, dass die Evangelisten Lukas und Matthäus immer wieder Herodes als das Gegenüber Jesu darstellen, sozusagen in ihrem Versuch, Jesus als den neuen David zu präsentieren.

Wir fahren hinein in die Stadt. Vermeiden den Checkpoint und die Mauer, die die Grenze zwischen dem Westjordanland und Israel markiert. Uns durchfährt ein mulmiges Gefühl, als wir die roten Schilder lesen. Abfahrt für Bürger Israels verboten. Die Autobahn ist wie ein Bypass durch besetztes Gebiet. Geburt und Tod sind die Begleiter der nächsten Tage, und die Umstände, die dazu geführt haben. Ob Jesus in Betlehem geboren ist? Ich weiß es nicht. Für diejenigen, denen es wichtig ist, Jesus in einer Ahnenlinie zu David darzustellen, mag es entscheidend sein. Denn siehe, so steht geschrieben: »Betlehem im Land Juda, du bist nicht einer der unbedeutenden Städte. Aus dir wird hervorgehen der König über Israel.«[1] Mag sich das Schriftwort erfüllen, tatsächlich oder gut erzählt, so frage ich mich doch, was Jesus mit David gemein hat. Jesus war kein Kämpfer, David aber mindestens ein Räuberhäuptling. Ein König? Die Geschichte hat aus den vielen Geschichten um David immerhin einen großen König gemacht, der sogar heute noch in Israel besondere Verehrung erfährt. Wohl dem, der Geschichte schreiben darf oder muss. Aber was der Le-

---

1   Matthäus 2,6.

gende nach auf den Feldern vor Betlehem geschehen ist, ist des Nachdenkens wert. „Und es waren Hirten in derselben Gegend, die auf freiem Feld blieben und des Nachts Wache hielten über ihre Herde. Und ein Engel des Herrn trat zu ihnen, und die Herrlichkeit des Herrn umleuchtete sie, und sie fürchteten sich mit großer Furcht. Und der Engel sprach zu ihnen: Fürchtet euch nicht! Denn siehe, ich verkündige euch große Freude, die für das ganze Volk sein wird. Denn euch ist heute ein Retter geboren, der ist Christus, der Herr, in Davids Stadt. Und dies sei euch das Zeichen: Ihr werdet ein Kind finden, in Windeln gewickelt und in einer Krippe liegend. Und plötzlich war bei dem Engel eine Menge der himmlischen Heerscharen, die Gott lobten und sprachen: Herrlichkeit Gott in der Höhe und Friede auf Erden in den Menschen des Wohlgefallens! Und es geschah, als die Engel von ihnen hinweg in den Himmel auffuhren, dass die Hirten zueinander sagten: Lasst uns doch hingehen nach Betlehem und diese Sache sehen, die geschehen ist und die der Herr uns kundgetan hat. Und sie kamen eilend und fanden Maria und Josef, und das Kind in der Krippe liegend. Als sie es aber gesehen hatten, machten sie das Wort bekannt, das über dieses Kind zu ihnen geredet worden war. Und alle, die es hörten, wunderten sich über das, was ihnen von den Hirten gesagt wurde. Maria aber bewahrte alle diese Worte und erwog sie in ihrem Herzen. Und die Hirten kehrten zurück, priesen und lobten Gott für alles, was sie gehört und gesehen hatten, wie es ihnen gesagt worden war."[2] Maria hat sich für das Kind entschieden. Es war keine Entscheidung im Stillen. Ein Dialog zwischen Himmel und Erde hat die Entscheidung begleitet. Eine junge Frau zwischen zwölf und vierzehn Jahren, dort am Brunnen vor Nazaret. Wohl war sie dem Josef versprochen, aber noch waren sie nicht zusammengekommen. Augenscheinlich hat sich Josef für Maria entschieden. Die Bibel berichtet über einen sehr intensiven Gewissenskonflikt, den Josef durchgemacht haben mag. Dort steht: Im Stillen wollte er sich von ihr trennen.[3] Denn augenscheinlich war das Kind nicht von ihm. Er hatte das Recht dazu. Die Bibel beschreibt den Gewissenskonflikt zwischen Gerechtigkeit und Barmherzigkeit. Die Gerechtigkeit hätte Josef erlaubt, sich von Maria zu trennen. Was wäre aus ihr geworden? Die Gerechtigkeit spricht von Steinigung. Es hat die Barmherzigkeit gesiegt in den Träumen des Josef. Josef hat sich der Maria angenommen und dem Kind. Das mag historisch sein und darüber hinaus passt es auch in die Deutungsgeschichte, Jesus nahe an den Stammbaum Davids zu verorten.

Die Hirtenfelder sind jedenfalls real. Und dorthin begeben wir uns. Es ist heute ein kleiner unscheinbarer Garten. Steppenfelder, unmittelbar am Rande des Kulturlandes an der Wüste Juda. Das Leben mutet hart an. Kalte Nächte, heiße Tage. Kärglich das Aus-

2   Lukas 2,8–20.
3   Matthäus 1,18–21.

kommen der Hirten, der Beduinen. Mir ist wichtig, der Erfahrung nachspüren zu können, dass sich das Göttliche bei den Hirten einstellt. Ein Engel. Wir modernen Menschen haben dafür keine Bilder mehr und wollen den alten Bildern nicht folgen. Aber ich glaube daran, dass wir wichtige Anstöße im Leben bekommen, die nicht von uns selber stammen. Boten Gottes nennt sie die Bibel. Vielleicht sind es Gedankenblitze, Eingebungen, eben Anstöße von außen gegen die eigene innere Erfahrung. Denn die Erfahrung der Hirten war harter Alltag, aber immer auch Erfahrung der Nähe Gottes.

Beduinen, denn das waren die Hirten vor Betlehem, sind die Lieblinge Jahwes. Sie sind Kinder der Wüste. Und Wüste ist in der Bibel immer wieder Ort der Gottesnähe. Sie verstehen, seine Natur zu lesen, und ihr Leben ist reduziert auf das Wesentliche. Kein Popanz, keine Zivilisation verstellt den Blick auf Gott. Deswegen hören sie besser als die Städter Gottes Wort und können so zu Zeugen werden. Aber auch das zeichnet die Wüste aus: Furcht vor dem Unbekannten. Furcht vor der Natur, vor der Nacht, vor den Überfällen der wilden Tiere über ihre Herden. Furcht und Kälte und Erkenntnis. Diese Erfahrungen kann ich nachvollziehen. Aber es erreicht die Hirten eine Botschaft gegen die Furcht. Eine Botschaft des Göttlichen inmitten ihres Alltags. Ein Kind ist geboren. Wie viele Sorgen sind mit diesem Satz verbunden. Ein Kind. Aber das ist immer wieder neu die Botschaft Gottes. Er schenkt dieser Welt Kinder. Das ist Gottes Antwort auf alle unsere Fragen. Gott setzt auf das Leben immer wieder neu. Nichts Besonderes meinen wir. Und doch steckt alles in der Geburt eines Kindes. Eine neue Schöpfung in diese alte Schöpfung. Pure, nackte, zerbrechliche Hoffnung in jeder Geburt. Und die Hirten wollen das Neue anschauen. Ihnen ist Rettung verheißen und ein Kind. Es mag absurd klingen. Und doch steckt alles, was dem Leben möglich ist, bereits in diesem kleinen Kind. Wird es angenommen oder ausgesetzt? Wird es erzogen? Zu welchem Menschen? Ja, welche Gedanken pflanzen wir ein in dieses junge Leben durch die Art, wie wir selbst leben und denken? Darf es Vertrauen spüren und Geborgenheit? Das sind die Fragen, die die Geburt begleiten. Wird es als Persönlichkeit heranreifen dürfen? Darf es Mensch sein, das Kind, und Mensch werden? Ich würde Maria gern besser kennen und den Josef. Denn Eltern sind so wichtig und entscheidend. Augenscheinlich haben sie ihr Kind als Geschenk empfunden. Als ein bedeutendes Geschenk. Das Kind, Jesus, wird seine Eltern mehrfach enttäuschen. Als Zwölfjähriger bricht er das erste Mal aus den Familienbanden aus und bleibt nach einer Pilgerreise nicht bei seiner Familie, sondern im Tempel. Alles bewahrte die Mutter in ihrem Herzen, schreibt die Bibel.[4] Worauf es mir ankommt: Es gibt neben der Furcht vor dem Leben immer auch Lichtblicke der Zuversicht. Großes Glück und Weitblick, inmitten des oft kalten Alltags. Die Hirten lebten da-

---

4   Lukas 2,41–52.

von. Kehrten zurück auf die Felder mit der Erfahrung neuer Geburt. Maria bewahrte alles in ihrem Herzen.

Eveline weiß, was Kälte ist. Gestern Abend sprach sie davon. Und sie spricht davon, wie groß ihre Zuversicht ist, die sie aus dem Leben schöpft. Zuversicht, die sie teilt. Manchmal auf Instagram. Meist in einem Lächeln. Ich bin gerne hier auf den Feldern der Hirten bei Betlehem, Geburt zu bedenken. Heute hat Eveline ein Foto gepostet von sich vor der Mauer in Betlehem mit einer Taube, die auf die Mauer gemalt ist als Zeichen des Friedens. Wohl auch des Protestes gegen Gewalt.

Was wäre geschehen, fragt Eveline mich am Abend, wenn Josef seinen Traum nicht zu deuten gewusst hätte, oder schlimmer noch, wenn er ihn vergessen hätte, seinen Traum. Was, wenn er nicht an eine Verbindung zwischen Himmel und Erde geglaubt hätte. Du meinst, sagte ich, was würde geschehen, wenn wir Menschen allein gelassen auf dieser Welt wären. Ohne Intuition, ohne ein Suchen und Fragen, ohne Träume, die uns zu neuen Menschen machen möchten. Wir wären allein. Buchstäblich allein. Josef ohne seine Träume. Ein Mann, der allein wäre mit seinen Gesetzen und Vorschriften. Und er wäre im Recht. Er hätte Maria wohl verlassen. Maria wäre gesteinigt worden und der jungen Liebe wäre ein Ende gesetzt worden, noch bevor sie begann. Die Liebe und das Leben. Eveline saß nachdenklich neben mir. Sie war in Sri Lanka geboren, kannte ihre Mutter nicht. Nur soviel: sie sollte ein anderes Leben haben, ein besseres. Was immer das ist. Sie würde das Leben suchen. Sie sucht es. Auch heute Abend, in meinen Träumen, sagte sie leis. Du meinst, ich kann auch mit den Träumen beginnen. Ich meine, das Leben zu suchen, fragte Eveline. Ich beginne immer in meinen Träumen, antwortete ich und schmunzelte. Was habe ich nicht alles schon geträumt. Wie viele habe ich wohl schon vergessen. Einen vergesse ich nicht, nie mehr, dachte ich: Dass Gott Mensch wurde. Und beinahe wäre er umgebracht worden von den Gesetzen der Menschen, noch bevor er geboren wurde. Am Ende wird er umgebracht werden von den Gesetzen der Väter. So hilflos ist Gott?, fragte Eveline. Umgebracht von den Gesetzen der Menschen. Menschen, die Beziehung in Gesetze packen, sind arm, war meine Antwort. Maria war entscheidend und hat sich durchgesetzt. Josef vertraute seinem Traum. Ob er wusste, was er da tat? Ja, sagt Eveline lächelnd. Ja, er entschied sich für das Leben, es zu beschützen, es zu lieben. Ja, Josef hatte sich tatsächlich für Maria entschieden. Er beschloss, sie nicht bloßzustellen, denn das hätte Steinigung bedeutet. Er beschloss, ihr einen Scheidebrief auszustellen. Das hätte Maria ein neues Leben erlaubt. Freilich, er selbst hätte sich lächerlich gemacht. Doch auch für seinen Traum musste sich Josef frei entscheiden. Mag das Gesetz über Maria denken, wie es will. Er setzte auf eine bessere Gerechtigkeit. Er setzt auf das Leben! Eines Tages werde ich nach Sri Lanka fliegen. Das Leben zu suchen, meines. Ich meine, wie alles begann.

Die Geburt Jesu

Die meisten Götter dieser Welt haben sich ihre Stellung im Olymp oder über die Erde errungen; durch Kampf und Gewalt sind sie zu dem geworden, was sie sind. Feind oder Freund der Menschen. Groß ist die Geschichte der Götter. Und nur klein ist der Gott Israels, Herr über einen kleinen Flecken Erde. Die Römer hatten Angst, einen Gott zu übersehen. Sie errichteten Heiligtümer zu Ehren fremder Götter aus Furcht, sie könnten vor ihnen in Ungnade fallen. Das hinderte sie nicht daran, um 70 nach Christus den Gott Israels, seinen Tempel in Jerusalem, zu zerstören. Das eigentlich kleine Volk am Rand ihrer Welt war mehr und mehr zum Problem geworden, weil es dicht an der Grenze zum gefährlichen Gegner, den Persern, lag. Und Unruhen im Grenzgebiet waren eine zu große Gefahr für das römische Imperium. Im zweiten Jahrhundert wurde Judäa gänzlich vernichtet. War Jesus ein Gott? Ein Sohn Gottes? Augustus war ein Sohn Gottes. Denn er war Sohn des Caesar, der als Gott verehrt wurde. Für Petrus war Jesus Sohn des lebendigen Gottes am Fuße des Hermon. Das war kein politischer Titel mehr, das war ein Bekenntnis. Jesus wird in der Schöpfungsgeschichte an die Seite des Anfangs gestellt. Mose stand in dieser Linie als der Einzige, der Gott je gesehen hat von Angesicht zu Angesicht. Nicht im Olymp, nicht in der Ahnenreihe der Griechen oder Römer. Nicht in der Tradition Babylons oder der

Ägypter. Der Gott Abrahams, Isaaks und Jakobs ist ein Gott für die Menschen.

Jesus ist nicht als Gott geboren. Er ist geboren als Mensch unter Menschen. Schade, dass diejenigen, die ihm folgten, genau das nicht ertragen konnten. Einem Menschen zu folgen, der in einer ganz besonderen, vielleicht einmaligen Beziehung zu Gott stand und handelte als Mensch unter Menschen im Namen Gottes. Das war den Generationen nach Jesus wohl zu wenig. Ich aber glaube und folge dem Menschen Jesus. Denn das hat er gewollt. Er wollte, dass wir ihm nachfolgen, nicht, dass wir ihn anbeten. Sämtliche Ehrentitel des Göttlichen hat Jesus zeit seines Lebens abgelehnt. Wer sind wir, ihn wieder damit zu belästigen! Lassen wir es dabei. Er war Mensch. Den einzigen Ehrentitel, den er erlaubt hat, war das Wort vom Menschensohn. Und dieser Titel gilt allen Menschen. Alle Menschen, die sich als Gottes Geschöpfe empfinden, tragen diesen Namen. Sie haben Teil an der Hoffnung der Schöpfung wie an seinem Schicksal.

Ich bin froh, dass Jesus als Mensch georen wurde, denn nur so kann ich ihm folgen. Götter kann man anbeten, sie fürchten und ehren, ihre Gesetze befolgen oder sie hintergehen. Aber niemand kann sich mit einem Gott solidarisieren. Und nachfolgen kann keiner einem Gott. Das ist mit Jesus dramatisch und auf wunderbare Weise anders. Als Mensch geboren, kann ich ihm folgen.

Ob Gott klug ist? Ich weiß es nicht, ob solche Begriffe Gott fassen können. Aber wenn er klug ist, dann war es seine weiseste Entscheidung, seine Pläne und Vorstellungen, seine Haltung zum Himmel und zur Erde den Menschen menschlich zu offenbaren.

Ich habe nie darüber nachgedacht, sagt mir Eveline. Ich habe Jesus immer nur kennengelernt als den guten Hirten, den Schmerzensmann, den Erlöser der Welt, den Gekreuzigten. Was es bedeutet, auferstanden zu sein, habe ich nie begriffen. Zur Rechten Gottes sitzen auf einem Thron, war mir unsympathisch. Eveline! Du musst unterscheiden lernen den Menschen Jesus und wie er gelebt hat von dem Jesus, den wir über Jahrhunderte geglaubt haben. Ich glaube nicht, dass Jesus je einen Thron gebraucht hat oder ihn gar angestrebt hätte. Die Kirche hat den Thron gebraucht und die Macht. Also haben sie ihn dahingesetzt in ihrem Kampf um die Macht über die Menschen – wie einst die Priester die Vorschriften der Gesetze und die Opfer am Tempel benutzten. Ich habe gelernt, dass Jesus ein Baby war in den Armen Marias, die selbst noch ein Kind war. Ich habe gelernt, dass er schutzbedürftig auf die Welt kam und diesen Schutz geschenkt bekam von Josef und Maria. Ein Leben mit offenem Ausgang. So wie auch unser Leben begann.

Jesu Lebenswelten

Megiddo – Steine sprechen Geschichte

Das Land fordert uns. Wir werden Steppe erleben und Gebirge kreuzen. Subtropische Gegenden werden wir erleben und die ganze Kraft der Sonne spüren. Den Golan werden wir erklimmen und den Berg der Schöpfung erahnen. Wir werden den Eingang der Unterwelt sehen und die Tempel von Pan und Caesar. Das Bekenntnis des Petrus und lernen, wie Identität gestiftet wird in einem umkämpften Land. Megiddo spielte zur Zeit Jesu keine Rolle mehr. Man wusste nichts mehr von dem Ort, der Geschichte geschrieben hat. Einst befand sich die Stadt an der Kreuzung der alten Handelsstraßen, der Via Maris von Ägypten nach Syrien und der Wege von Ost nach West. Aber was es bedeutet, Archäologie zu betreiben, um Geschichte näher zu kommen, das können wir begreifen in Megiddo. Im 3. Jahrtausend vor Christus war Megiddo bereits eine befestigte Stadt. Gebirge und Täler bestimmen die Bedeutung von strategischen Punkten. Täler sind die Wege der Zeit. Städte ihre Beschützer. Im 2. Jahrtausend vor Christus wurde die Stadt zum Zentrum der ägyptischen Herrschaft über Kanaan. David habe die Stadt erobert, so heißt es, und Salomon habe sie reich gemacht. Im Neuen Testament steht, es möge an dieser Stelle sich die Geschichte der Menschheit entscheiden in der Schlacht der Schlachten zwischen Himmel und Erde, zwischen Gut und Böse. So wird sie genannt: Har Mageddon, der Berg Megiddo. Ort des Kampfes am Ende aller Tage. Hier reden wir über Überlieferung und Identität und über Archäologie. Die Geschichtsschreibung prägt die Identität eines Landes und ihrer Menschen. Sie will immer interpretieren und ist immer politisch motiviert. Nehmen wir König David und Salomon seinen Sohn. Geschichtsschreibung – auch und vor allem biblische Geschichtsschreibung – beschreibt uns David und seinen Nachfolger als große Könige Israels auf Augenhöhe mit den Königen der Weltreiche. Er, David, habe die Stämme Israels vereinigt und Israel zu einem großen Reich geformt. Das Dumme ist nur, dass die Archäologie es nicht bestätigen kann.

Der Beginn der Archäologie war ebenfalls politisch motiviert, schließlich wollte man ausgraben, was man für wahr hielt. Die Steine sollten Zeugen des geschrieben Wortes sein. „Die Bibel hat doch recht!" Vehement beruft sich der Staat Israel auf die Königsherrschaft Davids, um seine eigene Identität und den Geltungsbereich des Staates Israels zu rechtfertigen. Biblisch gesehen erstreckt sich das Reich, das David gegründet haben soll, von Dan bis Beerscheba, also vom äußersten Norden bis zum Beginn der Wüste über zweihundert Kilometer südlich. Nicht nur Jerusalem, sondern auch andere Städte wie Geser, Megiddo und Hazar werden, so das Zeugnis der Bibel, ausgebaut und in die Herrschaft administrativ eingegliedert. Sukzessive wird die Herrschaft Davids und Salomons über die gesamte südliche Levante zu einem großen Reich ausgebaut. Was sich bestimmte Archäologen gewünscht haben, nämlich eine Bestätigung der biblischen Aussagen, ist allerdings bis heute nicht eingetroffen. Ein Großreich Davids und Salomons, das internationale ökonomische, militärische und politische Bedeutung gehabt habe, ist nach archäologischem Befund nicht zu finden. Ob es zur Zeit Davids, also im zehnten Jahrhundert vor Christus, in Jerusalem überhaupt zentrale Bauten gegeben hat, die als Indiz einer großen Herrschaft hätten gewertet werden können, ist in der Archäologie sehr umstritten. Nichts deutet über lokale Häuptlingstümer hinaus auf eine ausgebaute Staatlichkeit. Und von Salomon fehlt immer noch jegliche archäologische und epigraphische Spur.

Warum erzähle ich das? Weil Steine nicht lügen. Freilich müssen auch sie interpretiert werden. Aber es ist eine Interpretation auf Basis einer Wirklichkeit, die existiert hat. Niemand baut ein Haus, damit es in zweitausend Jahren wieder ausgegraben wird. Wir bauen Häuser, um darin zu wohnen. Und nichts anderes werden wir finden. Steine und Texte. Und wir werden Mosaiksteine von Geschichten zu Geschichte formen. Unglaublich dennoch die Ausgrabungen von Megiddo. Die Anlage der Stadt. Die Altäre, die uns einen Ahnenkult erahnen lassen, noch bevor sie zu Kultstätten der Götter wurden. Und schließlich durchwandern wir die gemauerten Schächte, die unterirdisch durch die Stadtmauern die Quelle erschlossen haben und die Stadt vor Feinden sicherten. Die Quelle ist die Schlagader einer jeden Stadt. Wer die Quelle besitzt, beherrscht die Stadt. Wir wandern durch das Tor, Marktplatz und Quelle der Information, Ort des Handels und der Begegnung. Ein Mann der Security wollte verhindern, dass Philipp den Tell[5] erklärt. Auch eine Frage der Identität. Wer darf die Steine deuten? Wieder werden wir Zeugen versuchter Geschichtsfälschung. Wer die Macht hat, besitzt die Deutungshoheit. Es bedurfte eines lauten und starken Wortes mit Bezug auf Meinungsfreiheit in einer Demokratie.

Auch von Jesus werden wir ein Bild zeigen. Eines, das durch Texte und Archäologie gedeckt ist. Kein vollständiges Bild. Aber Mosaiksteine, die dem Menschen Jesus nahe kommen werden. Fernab von Kirche, Glaube und Tradition zeichnet sich das Bild eines Menschen.

---

5 In der Archäologie bezeichnet das arabische Wort Tell eine Erhebung, die durch wiederholte Besiedlung entstand.

Der Berg Tabor

Eine halbe Stunde Fahrt bis Nazaret. Links neben uns taucht der Berg Tabor auf. Gut zu erkennen, wie er die Ebene überragt. 588 Meter ragt er über der Jesreelebene und über Galiläa empor. Kultstätte seit Jahrtausenden. Unzählige Geschichten und Mythen ranken sich um den Berg. Die Höhe Gottes wird mit der Höhe des Berges besungen. Die Geschichte Deborahs[6] spielt auf dem Berg Tabor. Richterin in Israel, eine bemerkenswerte Frau am Anfang der Geschichte Israels. Als der Kanaanäer König Sisera Israel 20 Jahre lang mit Gewalt bedrängt, ziehen die Söhne und Töchter Israels zu Deborah, sie möge Recht sprechen. Deborah fordert Barak auf, Israel für den Kampf zu rüsten, und zieht auf dessen Bitte hin mit ihm an den Ausgangspunkt des Gefechts auf den Berg Tabor. Die Schlacht wird geschlagen und der militärisch hochgerüstete Feind wird vernichtet, Sisera durch einen Pflock aus der Hand der Jael.[7] In Israel kehrt daraufhin für 40 Jahre Ruhe ein. Immer wieder sind es Kriegsgeschichten, eigentlich Rettungsgeschichten in der Bibel, die die Macht Gottes unterstreichen wollen. Hier unterstreichen sie die Stellung der Frau. Deborah, die einzige Richterin, die gleichzeitig als Prophetin gilt. Für das Neue Testament ist der Berg Tabor ebenfalls ein

6   Richter 4+5.
7   Richter 4,17–24.

bedeutender Ort. Kontinuität des heiligen Ortes nennen wir es heute. Der Ort bleibt immer derselbe, aber die Verpackung verändert sich: kanaanäischer Altar, dann israelitischer, dann römischer und so weiter. Da die Bedeutung des Berges im Volk tief verwurzelt ist, fällt es leicht, ihn neu zu interpretieren. Neutestamentlich sehen die Jünger Jesus auf dem Berg von Licht umwoben zusammen mit Moses und Elija.[8] Sicher keine historische Begebenheit. Aber doch eine, die deuten möchte, wie die Evangelisten darum ringen, Jesu Rolle in der Heilsgeschichte zu verstehen. Die beiden großen Gestalten der Bibel bilden eine Deutungslinie hin zu Jesus. Moses, der einzige Mensch, der Gott je gesehen hat. Der Mann, der dem Volk Gottes Gebote in Stein gemeißelt übergibt. Kein Jota wird aufgehoben, wird Jesus zitiert, aber alles werde sich erfüllen.[9] So überragt Jesus der Überlieferung halber Mose. Ebenso wie Elija, der nach der Schrift als erster Mensch mit Leib und Seele in den Himmel aufgefahren ist und als der Vorzeigeprophet gilt. Wir aber suchen Jesus, den Menschen aus Nazaret, und also lassen wir die fruchtbare Ebene hinter uns und den Berg Tabor links liegen. Unzählige Male stand ich schon auf seinem Gipfel und sah hinunter. Nach Süden blickend kann ich Naïn erkennen, die Stadt, in der Jesus einen Toten erweckt haben soll. Wir blicken hinunter zum Jesreel-Tal. Tal der Kriege, Tal

---

8   Lukas 9,28–36.
9   Matthäus 5,17–18.

der Handelswege, Tal der Sümpfe, Tal der Fruchtbarkeit. Je nach Zeit seiner Bewohner. Wir sehen Megiddo, an der anderen Seite Richtung Norden den Berg Karmel Kerem el. Der Weinberg Gottes. Das Gebirge Karmel. Es ist nur ein kleines Gebirge. 23 Kilometer lang und bis zu zehn Kilometer breit. Es ist auch nicht besonders hoch. An der höchsten Stelle gerade einmal 546 Meter hoch liegt es entlang der Mittelmeerküste. Hohe Niederschläge und ein angenehmes mildes Klima machen es zu einem Naturereignis der Schönheit. Ja, Menschen aller Jahrtausende haben mit diesem Gebirge Schönheit verbunden. Bis ins Hohe Lied der Liebe hat es das Gebirge gebracht: Im siebten Kapitel vergleicht der Dichter den Kopf der Geliebten mit dem Karmel. Heute überragt die Universität von Haifa den Berg Karmel. Schönheit und Krieg. Der Kampf der Menschen um Vorherrschaft und Einfluss, ausgetragen über den Glauben. Was schon immer mit der Menschheitsgeschichte verbunden war, ist der Machtkampf der Menschen, ausgetragen über den Glauben: Wir schreiben das 9. Jahrhundert vor Christus. Ahab und Isebel herrschen über Israel. Sie ist eine Prinzessin aus dem Libanon. Ihr Gott ist Baal. Der Wetter- und Fruchtbarkeitsgott Kanaans. Welche Posse gegen den Gott Jahwe in den Augen des Propheten Elija! Hier auf dem Berg, so heißt es, kam es zum entscheidenden Kampf. Wer ist der Gott des Regens, der Fruchtbarkeit bringt und Leben? Und Elija befahl eine große Dürre, um die Macht Jahwes zu demonstrieren. Alle, die dem Baal gefolgt waren, sollten leiden unter ihrem Ungehorsam. Und sprach der Prophet zum Volk und forderte ein Gottesurteil: Wie lange hingt ihr auf beiden Seiten? Ist der Herr Gott, so wandelt ihm nach, ist es aber Baal, so wandelt ihm nach. Und forderte die Priester des Baal, einen Stier zu richten und den Gott Baal um Feuer anzurufen aus der Höhe, den Stier als Opfergabe anzunehmen. Aber kein Tanz und kein Geschrei ließen den Baal erweichen, Feuer zu senden. Da baute Elija einen Altar dem Herrn. Legte Holz und Stier auf den Altar, übergoss den Stier mit Wasser wieder und wieder. Dann sprach er: Herr, Gott Abrahams, Isaaks und Israels, lass heute kundwerden, dass du Gott in Israel bist. Ich bitte dich, erhöre mich. Da fiel das Feuer des Herrn herab und fraß Brandopfer, Holz, Steine und Erde und leckte das Wasser auf dem Graben. Die Priester des Baal aber wurden gemordet im Bache Kischon. So wurde der Herr, Jahwe, der biblische Gott Herrscher über das Land.[10] Es ist, als könnte man den Brandgeruch bis heute spüren. Ein Gestank aus Krieg und Opferkult, wie es dieses Land bis heute kennt. Unser Blick geht nach Norden und Osten: Untergaliläa mit Nazaret und dahinter Sepphoris. Obergaliläa und bei klarem Wetter kann man sogar den Hermon erkennen. Am nahen Horizont Nazaret. Wo alles begann.

---

10   1 Könige 18,21–46.

Aufgewachsen in Nazaret

Angekommen in Nazaret, müssen wir eine gewaltig gedankliche Kraftanstrengung vollziehen. Nazaret ist heute die größte arabische Stadt in Israel. Insgesamt sind es über 120.000 Einwohner. Die Stadt ist zweigeteilt. Historisch gewachsen im Tal liegt die christlich arabische Stadt, Erbin der Stadt Jesu. Hier finden wir biblische Spuren. Heute sind es ungefähr 76.000 Einwohner, überwiegend Muslime und Christen. Am Hang und auf der Höhe die „moderne Stadt" mit ungefähr 47.000 Einwohnern, seit 2019 Nof HaGalil genannt, um nicht mehr „Nazaret" heißen zu müssen. Getrennte Verwaltungen. Parallelwelten. Subventioniert und reich ist der obere Teil. Mit staatlichen Einschränkungen versehen der arabische untere Teil. Auch das ist Politik heute. Immer wieder kommt es in jüngerer Zeit in der arabischen Stadt zu Auseinandersetzungen zwischen Muslimen und Christen. So wollten vor Jahren Muslime eine Moschee bauen unmittelbar unterhalb der christlichen Verehrungsstätte, die die Kirche überragen sollte. Papst Johannes Paul II. musste damals einschreiten, damit der Konflikt nicht eskalierte. Wir schälen die ganze neuere Geschichte weg. Betreten auch die Kirche nicht. Uns interessieren die Ausgrabungen. Wo und wie hat Jesus gelebt? Jetzt geht die Spurensuche los. Endlich! Nazaret hat in der Literatur kaum Erwähnung gefunden. Weder in der Bibel noch im Talmud oder in außerbiblischen Quellen wie etwa bei Flavius Josephus[11]. Im Neuen Testament lesen wir nichts Positives von diesem kleinen Dorf: Was kann aus Nazaret schon Gutes kommen[12], steht bei Johannes dem Evangelist. Zu klein, zu unbedeutend. Und tatsächlich. Die Archäologie bestätigt den literarischen Befund. Lediglich ein paar Wohnhöhlen in den Fels gehauen bilden das Dorf Nazaret. Die Quelle unweit der Wohnhöhlen finden wir bis heute. Sie schüttet Wasser für ungefähr zweihundert Menschen mit ihren Tieren aus. Das war es. Dennoch scheinen mir der Befund und die Beschreibung auf die historische Verlässlichkeit hinzudeuten, dass Jesus genau hier seine Kindheit und Jugend verbracht hat. Wem würde es schon einfallen, denjenigen, auf dem man eine ganz neue Religion gründen möchte, ausgerechnet in dieses Kaff hineinzudenken, wenn es nicht historisch so war. Wohnhöhlen also. Keine Schule, kein Theater, keine Synagoge, nichts. Nur Wohnhöhlen. Die Kindheit Jesu ist also auf das Elementarste reduziert. Familie und Arbeit. Gelernt hat er die Schriften und Gebote seiner Zeit aus dem Mund seiner Mutter. Das wissen wir aus der Überlieferung. Für die Bildung waren die Mütter zuständig. Und was also hat er gelernt? Was war seine Arbeit? Zimmermann haben wir gelernt. In der Bibel steht nur, dass er der Sohn des Handwerkers war. Das Handwerk aber konnte sich zur Zeit Jesu kaum auf Holz beziehen. Das

---

11 Griechischer Geschichtsschreiber der Römer im ersten Jahrhundert.
12 Johannes 1,46.

gab es so gut wie nicht. Aber Steine gab es und Dächer aus Stein. Also kommen wir mit dem Handwerksbegriff des Steinmetzes wohl am weitesten. Aus Galiläa – so lesen wir bei Johannes weiter – hat übrigens auch zur damaligen Zeit kein Mensch einen Propheten erwartet. Nachzulesen im siebten Kapitel: Bist du auch aus Galiläa? Forsche und sieh: Aus Galiläa steht kein Prophet auf.[13] Später erfahren wir, dass er nach Kafarnaum umgezogen ist. Das Neue Testament berichtet von zwei Ereignissen in Nazaret. Als er, Jesus, nach dem Markusevangelium als Erwachsener in seine Heimatstadt zurückkehrt, da begab sich Folgendes: „Und er ging von dort weg und kommt in seine Vaterstadt, und seine Jünger folgen ihm nach. Und als es Sabbat geworden war, fing er an, in der Synagoge zu lehren; und viele, die zuhörten, erstaunten und sagten: Woher hat der das? Und was ist das für eine Weisheit, die dem gegeben ist, und solche Wunderwerke geschehen durch seine Hände? Ist dieser nicht der Zimmermann, der Sohn der Maria und ein Bruder des Jakobus und Joses und Judas und Simon? Und sind nicht seine Schwestern hier bei uns? Und sie ärgerten sich an ihm. Und Jesus sprach zu ihnen: Ein Prophet ist nicht ohne Ehre, außer in seiner Vaterstadt und unter seinen Verwandten und in seinem Haus. Und er konnte dort kein Wunderwerk tun, außer dass er wenigen Schwachen die Hände auflegte und sie heilte. Und er wunderte sich über ihren Unglauben. Und er

13   Johannes 7,25–44.

zog durch die Dörfer ringsum und lehrte."[14] Das ist wohl als Mahnung zu verstehen, auch an uns Heutigen. Die Frage, ob wir Menschen nicht allzu oft an ihrer Herkunft messen und sie auch ob ihrer Sozialisation festlegen.

Damit wir es recht verstehen: Den Zimmermann haben wir schon als Steinmetz identifiziert. Eine Synagoge, zumal als Gotteshaus, gab es in Nazaret zu Lebzeiten Jesu nicht. Allein der Tempel in Jerusalem war Haus Gottes. In größeren Städten gab es öffentliche Gebäude, die als Synagoge bezeichnet wurden, aber in keiner Weise kultische Funktion hatten, sondern als Gemeinschaftshaus und öffentlicher Treffpunkt dienten. Erst nach der Zerstörung des Tempels im Jahre 70 nach Christus entwickeln sich Synagogen langsam zu heiligen Räumen, also Jahrhunderte später. Und wir werden uns schließlich zu beschäftigen haben mit dem Begriff des Glaubens und des Unglaubens. Die hebräische Sprache kennt diesen Ausdruck des Glaubens nicht. Der ist erst im fünften Jahrhundert durch die Übersetzung ins Lateinische in unsere Glaubensgeschichte gerutscht. Was das Hebräische aber kennt, ist der Begriff des Vertrauens. Dies wird uns begleiten und beschäftigen: die Frage des Vertrauens.

Und nun das beschriebene Phänomen. Ein Mensch, aufgewachsen in irgendeinem kleinen Dorf, macht seinen Weg, entwickelt sich, macht Erfahrungen und reift, bildet sich weiter, wird erwachsen. Zu-

---

14 Markus 6,1–6.

hause aber bleibt er zurückgeworfen auf alles, was man von früher kennt: Ist das nicht der Sohn des Steinmetzes Josef? Ich lese eine Bitte: Legt keinen Menschen einfach fest auf das, was wir meinen von ihm zu wissen. Wer einen Menschen festlegt, der nimmt ihn gefangen, der beraubt ihn seiner Erlaubnis zu wachsen. Festlegungen ketten ihn an die Vergangenheit. Und so möchte ich Menschen nicht betrachten. War der nicht immer schon so? Was soll denn da noch dabei herauskommen? Gebt Menschen frei, lese ich und eine Mahnung vor Vorurteilen. Eine zweite Begebenheit, die sehr viel sagt über das Selbstverständnis Jesu aus Nazaret und seinen Umgang mit den heiligen Schriften: „Und es wurde ihm das Buch des Propheten Jesaja gereicht; und als er das Buch aufgerollt hatte, fand er die Stelle, wo geschrieben war: ‚Der Geist des Herrn ist auf mir, weil er mich gesalbt hat, Armen gute Botschaft zu verkündigen; er hat mich gesandt, Gefangenen Freiheit auszurufen und Blinden, dass sie wieder sehen, Zerschlagene in Freiheit hinzusenden, auszurufen ein angenehmes Jahr des Herrn.‘ Und als er das Buch zugerollt hatte, gab er es dem Diener zurück und setzte sich; und aller Augen (...) waren auf ihn gerichtet. Er fing aber an, zu ihnen zu sagen: Heute ist diese Schrift vor euren Ohren erfüllt. Und alle gaben ihm Zeugnis und wunderten sich über die Worte der Gnade, die aus seinem Mund hervorgingen; und sie sprachen: Ist dieser nicht der Sohn Josefs?"[15]

15 Lukas 4,17–22.

An dieser kleinen Stelle können wir Wesentliches ablesen in der Haltung Jesu zu heiligen Schriften. Der
Text war allen bekannt. Schließlich war er seit über
sechshundert Jahren Überlieferung der Geschichte
der Menschen mit Gott. Gott würde handeln eines Tages. Dessen war man sich gewiss. In der Zeit Jesu sogar
sehr dringlich. Es war höchste Erwartung des Volkes,
dass Gott bald in die Geschichte eingreifen werde. Das
Reich Gottes würde kommen und der Messias. Die
Frage war nur noch das Wie. Jesus zitiert den Propheten nicht wie eine lang ersehnte Erwartung, die noch
aussteht und allein durch Gott kommt. Heute, spricht
Jesus. Heute hat sich das Schriftwort erfüllt. Keine
Vertröstung mehr, kein stilles Abwarten, sondern Ent-
scheidung und Handlung, mit Gott als Partner. Der
Mensch wird in seiner Predigt zum Partner Gottes.
Gemeinsam wird den Armen die frohe Botschaft ver-
kündet und werden denen mit den blinden Flecken im
Herzen oder im Verstand die Augen aufgetan. Das
Warten hat ein Ende.

Die Sonne steht hoch und wir haben Hunger. Der
Bus fährt uns nur ein paar Straßen weiter zu einem
arabischen Lokal. Den Besitzer kennen Philipp und
ich schon lange. Er hat früher in Jericho gearbeitet
und ist jetzt der stolze Besitzer. Salate und wieder Salate. Ein gutes Lokal erkennt man an der Anzahl ver-
schiedener Salate. Mindestens sechs verschiedene
sollten es schon sein und waren es auch. Ich glaube
acht. Dazu gibt es Fladenbrot. Wir hatten vereinbart,
dass wir Fladenbrote teilen. Niemand soll einfach für

sich alleine essen. Wir wollen teilen. Nicht nur die Eindrücke, auch das Brot. Ich habe versprochen, dass dies wichtig ist. Nur einen Steinwurf von unserem Lokal liegt die Quelle der Stadt, ein historischer Ort. Heute steht dort eine orthodoxe Kirche. Nach Lukas besuchte der Engel Gabriel Maria in ihrem Haus.[16] Für einen Orientalen unvorstellbar. Auch nach biblischer Tradition trifft man junge Frauen deswegen an der Quelle. Deswegen verortet die orthodoxe Tradition die Begegnung des Engels mit Maria konsequenterweise an die Quelle. Eine bemerkenswerte Geschichte. Kernpunkt: Gott teilt sich mit. Für uns zur Überlegung: Welche Mitteilungen nehmen wir eigentlich noch wahr? Wenn wir nicht gleich so hoch greifen wollen und Gott bemühen, dann doch wenigstens die Frage nach der inneren Stimme, manchmal auch das Herz, die Seele oder das Gewissen. Jedenfalls wird Maria, wir dürfen vermuten, dass sie ungefähr 12 bis 14 Jahre alt war, unverheiratet und mit dem täglichen Wasserschöpfen beschäftigt, gefragt, ob sie an dem Traum, das wohl jedes Mädchen in Israel geträumt hat, teilhaben möchte. Sie soll Teil der Pläne Gottes werden für diese Welt. Das zeichnet das eigene Gewissen aus. Dass wir selbst Entscheidungen treffen dürfen, aber wohl auch müssen. Manche Entscheidung beendet eine Geschichte, manche lässt sie beginnen. Maria hat sich für den Beginn entschieden. Ihr Sohn wurde geboren aus ihrem Schoß. Aufgewachsen in ih-

16   Lukas 1,28.

rer Wohnhöhle, wohl mit Josef zusammen, der Steinmetz war.

Ich bin auch nichts Besonderes, sagt Eveline. Geboren in einem Dorf irgendwo in Sri Lanka. Aufgewachsen in Mochenwangen. Auch kein Kompliment. Es hätte ja wenigstens Ravensburg sein können oder Stuttgart. Mochenwangen ist gut, sage ich. Ich komme aus Biberach. Auch keine Metropole. Und mein Vater war Schriftsetzer. Der hat auch nicht gewusst, was für ein Leben in mir steckt. Aber beschützt hat er es. So gewöhnlich beginnt jedes Leben. Irgendwo, irgendwann. Dass es beschützt wird. Darauf kommt es an. Eveline weint. Hast du die Bilder in den Nachrichten gesehen, fragt sie mich. Die vielen Kinder ohne Schutz, ohne Heimat. Sie haben nicht einmal eine Wohnhöhle. Wenigstens das steht doch jedem Menschen zu. Das haben wir aus dieser Welt gemacht, sage ich. Eine Welt auf der Flucht. Kinder, die kein Dach über dem Kopf haben, und weinende Mütter, die nicht wissen, wie sie ihre Kinder ernähren sollen. Das ist der Preis, wenn Menschen Länder besitzen wollen oder Menschen meinen, im Namen von Göttern zu regieren, die den Schmerz der Kinder in Kauf nehmen. Ich lehne die Religionen ab, in deren Namen Kinder sterben müssen. Eveline, das zu verstehen sind wir hier. Jedes Leben ist in Gefahr. Noch bevor wir zu denken beginnen, stehen wir in der Gefahr, dass uns das Leben entrissen wird im Namen jener selbsternannten Götter, die unsere Länder und uns Menschen zu beherrschen suchen, bewaffnet durch Menschen, die meinen, man könnte das Leben beherrschen. Kein Wunder glaubten die Menschen damals, Gott würde alles neu machen. Und es wäre dringlich, höchste Zeit. Das Reich Gottes möge beginnen und der Machtkampf der Menschen verschwinden wie einst Sodom und Gomorra. Aber es kam bis heute zu keinem gewaltigen Eingreifen Gottes. Nur dass er unzählige Male Geburt geschenkt hat seit jener Zeit, nein, zu aller Zeit. Damit das Leben immer neu eine Chance bekommt. Eveline, durch dich. Und durch mich. Durch die Art, wie wir entscheiden zu leben.

Im Schatten Sepphoris

Wir fahren nur wenige Kilometer nördlich in die Ausgrabungen von Sepphoris. Landschaftlich liegen sie ideal an den Handelswegen der damaligen Zeit inmitten von Untergaliläa. Wie eine Landbrücke zwischen drei Kontinenten mit fruchtbarem Hinterland. Heute verliert sich kaum ein christlicher Pilger in diese Ausgrabung. Aber wir sind ja auch nicht als Pilger gekommen. Wir möchten verstehen, wie Jesus gelebt hat, was er als junger Mann empfunden hat, was er an Kultur und Religion erlebt hat. Was waren die Geburtsstunden seiner eigenen Gedanken. Die Welt, aus der Jesus seine Bilder und Gleichnisse schöpfte, wo er wohl Jahrzehnte lang arbeitete. Hier in Sepphoris sind sie zu finden. Denn wo anders sollte er mit seinem Vater Josef wohl gearbeitet haben, wenn nicht in der Stadt ganz in der Nähe seiner Heimat Nazaret im acht Kilometer entfernten Sepphoris! Es ist heiß. Es gibt kaum Schutz vor der Sonne. Eine Zumutung, nicht nur körperlich. Die Stadt ist vom Staat Israel in den letzten Jahrzehnten ausgegraben worden, um eine jüdische Stadt zu dokumentieren. Doch welch Überraschung! Ich beschreibe, was wir gefunden haben. Ein römischer Cardo, dazugehörig der Decumanus. Also eine römische Stadteinteilung, wie wir sie rund um das Mittelmeer kennen. Ein griechisches Theater, das mehr als 4.500 Personen fasst. Wohnhäuser mit wunderbaren Mosaiken. Abgebildet ein Nilbarometer, eines der schönsten Bilder einer Frau. Heute wird sie Mona Lisa Galiläas genannt. Amazonen, Flora und Fauna der damals bekannten Welt. Zeugnisse aus Ägypten und Babylon. Und mitten drin ein Zeugnis des Gottes Dionysos, gleichsam als Fußbodenmosaik eines Wohnhauses. Keine Kultstätte, sondern Alltagsdarstellung. Dionysos im Trinkgelage und Wettstreit mit Herkules. Landeshauptstadt zur Zeit Jesu und Schnittpunkt vieler Welten. Eine Weltstadt. Mit allem, was das bedeutet: zigtausende Einwohner, unterschiedlichste Bevölkerungsgruppen, internationale Netzwerke, Banken, Zinsen, Prostitution, Gefängnis. Das ganz normale Leben, sagt Eveline. Jesus erlebt sein eigenes Land, sobald er die Handelsstraßen des Nordens berührt, acht Kilometer hinter dem Nichts, das wir Nazaret nennen als pulsierender Ort kulturellen und religiösen Wettstreites und Miteinanders. Er erlebt Theater und Handel. Religiösen Kult weitab des Tempels in Jerusalem, der hier keine Rolle spielt. Wo anders kann man Weltoffenheit lernen als in einer Großstadt. Hier bitteschön. Es ist alles noch vorhanden. Eine Stadt mit Welt. Jüngst meinten israelische Archäologen, eine Synagoge ausgegraben zu haben in der Hoffnung, endlich etwas „Jüdisches" in dieser Stadt dokumentieren zu können. Aber sie ist nicht aus dem 1. Jahrhundert. Das Judentum, wie wir es heute verstehen, entsteht Jahrhunderte später. Zur Zeit Jesu war es eine hellenistisch-römische Stadt mit den Kulturen, die den ganzen Mittelmeerraum geprägt haben.

Die erste Orgie

Nicht erschrecken. Wir sind ja gute Kinder unserer Tradition und Erziehung. Über Jahrhunderte geschult, Orgien abschreckend zu finden und Trinkgelage zu meiden.

Zur Zeit Jesu hat der Kult um Dionysos Hochkonjunktur und es wäre absurd zu meinen, er würde ihn nicht kennen oder hätte nicht daran teilgenommen. Ich beschreibe, was wir sehen im Haus mit dem Mosaik des Dionysos in Sepphoris: Dionysos im Trinkwettstreit mit Herakles. Ein Bild seiner Amme, wie sie ihn umsorgt. Die Hochzeit des Dionysos mit Ariane. Und Umzüge, Prozessionen, Feste. Dionysos, der Gott des Weines, des Rausches und der Begierde. Zeitgenosse Jesu war der israelitische Philosoph Philo. In einer seiner Schriften heißt es: „Dionysos züchtete den Weinstock und gewann ein Getränk aus ihm, das Köstlichste und zugleich das Wohltuendste für Seele und Leib. Der Seele gibt es Frohsinn, lässt sie die Sorgen vergessen und auf Gutes hoffen. Den Leib aber macht es gesünder, kräftiger und geschmeidiger. Auch gibt es persönlich jedem Menschen Schwung zu Höherem, lässt vielköpfige Familien und Sippen ihr ernstes und mühevolles Dasein zur Form eines zwanglosen und heiteren Lebenswandels ändern, beschert allen Städten, griechischen wie nicht-griechischen, eine Folge von Tafelfreuden, Lustbarkeiten, Festen und Feiern. Denn aller genannten Gaben Geber ist der Wein (des

Gottes Dionysos)."[17] Der Rausch war nicht maßlos. Einem Symposium des Dionysos musste jemand nüchtern vorstehen. Aber die Zunge sollte gelockert werden. Wahrheiten sollten ausgesprochen werden und an keine Gepflogenheit sollte man sich halten müssen. Die Angst sollte verschwinden. Und was das Wichtigste war: Gottesbegegnung im Rausch wurde demokratisiert und für jeden zugänglich. Jesus, der Fresser und Säufer. So wird Jesus in der Bibel einmal genannt.[18] Hier hat er es gelernt und erfahren, was es heißt, ein ganzer Mensch zu sein. Vor Gott ohne Furcht und Scham. Überliefert ist biblisch eine Abneigung gegen Masken im griechischen Theater. Wir haben es versucht zu ergründen im Schatten von Sepphoris. Hin und wieder versuche ich dem nachzuspüren und verdecke mit den Händen mein Gesicht. Sagen wir in Form einer Tragödie: die Hände wie Kerkerkreuze oder zur Faust geballt. Die Gesichter sind hinter den Masken nicht mehr zu erkennen. Wenn Jesus auffordert, die Masken von den Gesichtern zu nehmen, dann wohl wörtlich und menschlich. Personen müssen stets als Persönlichkeiten sichtbar sein. Keiner muss sich verstecken müssen, nicht im Kult des Theaters, nicht vor Gott und nicht im Leben.

Es ist spät geworden. Ein Leben ohne Masken, sagt Eveline. Wir tragen doch ständig Masken. Versuchen unsere Gefühle zu verbergen. So haben wir es gelernt.

---

17   Legatio ad Gaium Leg. 82f.
18   Matthäus 11,19.

Bei der Arbeit soll uns keiner unsere täglichen Glücks-
momente oder Traurigkeiten ansehen. Wo sind die
kleinen Zeichen der Zuneigung, die wir uns nicht er-
lauben aus Furcht, dass uns jemand ins Herz schaut
und damit nicht klar kommt? Uns reichen die Äußer-
lichkeiten distanzierter Höflichkeit. Die dürfen schon
freundlich sein, aber eben distanziert. Was wäre, wenn
wir die Fassung verlieren würden? Wir haben kaum
mehr Angst davor, als dass wir die Fassung verlieren
könnten und die Kontrolle über uns selbst. Wir haben
uns in der Maskenwelt eingerichtet. Jeder in seinen
Rollen, jeder an seinem Platz. Vielleicht ist es auch die
Angst, verletzt zu werden. Warum machen wir uns eigentlich nicht bewusst, dass jeder Mensch verletzt ist.
Aber was ist das für ein Leben, wenn wir uns deshalb
in uns selbst zurückziehen! Wird die Angst nicht immer größer? Wir versuchen uns voreinander zu schützen und Vertrauen schwindet. Je mehr wir vom Leben
begreifen, desto mehr schwindet Vertrauen. Wo ist die
Offenheit unserer Kindertage geblieben? Einst fragten wir nicht danach, was es bedeutet, verletzt zu werden. Einst vertrauten wir dem Leben. In jeder Umar-
mung lag Vertrauen, in jedem Kuss. Das ist lange
vorbei. Heute schützen wir unsere Gedanken und Gefühle. Wir tragen unsere Masken stolz oder verschämt.
Aber wir tragen sie. Eveline möchte keine Masken
mehr und nimmt die Verletzungen der Seele in Kauf.
Um sich selbst zu finden, wie sie meint, und Menschen
die Chance zu geben, sie so zu erleben, wie sie ist. Sie
macht sich verletzlich. Das macht sie so sympathisch.

Theater in der Stadt

Dem Jordan folgend geht es in den Süden. Ob Jesus auch Halt gemacht hat in Bet Schean, südlich des See Gennesaret? Wahrscheinlich ist es. Bet Schean gehörte zu den zehn Städten der Dekapolis. Bet Schean trug viele Namen. Einer davon war Nysa. Nysa war die Amme des Dionysos und soll – so die Legende – in Bet Schean begraben sein. Dass Jesus hier Dionysos und dem Theater begegnet ist, ist sicher. Selbst in Jerusalem wurde Dionysos verehrt.[19] Dass er mitgefeiert hat, zugesehen, Anteil nahm an dem, was Theater wollte, gilt als wahrscheinlich. Theater ist Gottesdienst zur Verehrung der Götter. In besonderer Weise geweiht dem Gott Dionysos. Merkwürdige Parallelen zum späteren Christuskult tun sich auf, gilt doch Dionysos als einziger Gott der Antike, der gestorben ist und wieder auferstand. Aber was geschieht im Theater, was war Tragödie? Menschen treten vor die Macht des Göttlichen. Maskiert und zur Ekstase entstellt, trägt die Tragödie die Schicksalsfragen vor Gott. Der Mensch wird sich selbst bewusst vor Gott. Merkwürdig, dass es bis heute nicht ausdiskutiert ist, ob sie Furcht und Mitleid bedeutet und es um die Läuterung des Menschen geht oder mehr um Schauder und Jammer und Lust statt Läuterung. Ein Ausflug zu Lessing, der die Tragödie als Leidenschaft sieht, die sich in Tugendhaftigkeit

19 2 Makkabäer 6.

auflöst. Von allem etwas, denke ich. Wein, Weib und Gesang. Ausschweifung, bis sich die Zungen lösen und der Geist frei wird. Ein wenig Demokratisierung der Religion hin zur Ekstase. Sich selber frei zu erleben, auch vor Gott. Und der Schrei der Antigone: Nicht mit zu hassen, mit zu lieben bin ich hier. Ob Jesus hier war? Ich weiß es nicht. Ob er den Geist der Tragödie kannte? Mit Sicherheit. Das möchte ich auch: Selbstbewusst möchte ich stehen vor Gott. Ihm offen meine Meinung sagen. Wie ich die Welt empfinde. Ungerecht! Wie ich den Menschen empfinde: egoistisch, viele verängstigt, die meisten einsam, in sich selbst gefangen. In ihren Masken, in ihren Rollen. Für Augenblicke glücklich, sehnsüchtig nach Leben, wie es sein könnte, sein dürfte, sein müsste. Menschen, die sich selbst ihres Wertes gewiss sind. Menschen, die die Masken wegschmeißen und sich einander aussetzen, in ihrem Glück und in ihrem Leid. Menschen, die einander tragen und halten. Sich einander verschenken. Welch großes Glück. Das Leben mit dem eigenen Leben zu beschenken.

Die Vision Jesu

In der Wüste angekommen

Wir fahren durch Palästina, dem Westjordanland, hinab in die Wüste. Unser Ziel: das Tote Meer mit Qumran und Jericho. Yizhar Hirschfeld, einer der prominentesten israelischen Archäologen, ist der Autor des Buches „The Desert and the Holy City". Meiner Meinung nach ist seine Analyse der Bedeutung der judäischen Wüste eine der besten: Einerseits handelt es sich um eine Wüste oder besser eine Steppe und damit um eine Landschaft unerträglicher Hitze, in der es sich nur schwer leben lässt. Andererseits liegt die Wüste in der Nähe Jerusalems, der Heiligen Stadt. Durch ihre Nähe zu Jerusalem wurde die judäische Wüste zu einem Zufluchtsort für Menschen, die der Stadt den Rücken kehrten, die die Flucht oder die Einsamkeit suchten und doch nahe der Stadt blieben, mit der Möglichkeit, eines Tages siegreich oder geläutert zurückzukehren. König David, der vor Saul floh, Johannes der Täufer, Herodes, die Essener, sie alle suchten Zuflucht in dieser Wüste, die für eine Zeit lang ihr Zuhause wurde. 45 Kilometer sind es vom Toten Meer nach Jerusalem. Aber fast 1.200 Höhenmeter Unterschied. Es heißt, es seien schon mehr Menschen in der Wüste ertrunken als verdurstet. Wenn es regnet, oben in Jerusalem, wohin der Regen noch kommt, brechen sich die Niederschläge durch die Wadis[20] ihre Bahn hinunter in die Wüste. Das habe ich schon erlebt. Die Wüstenwege um Jericho gesperrt wegen Überschwemmung. Die Bewohner von Qumran waren asketische Menschen. Durch Reinheit und Bewahrung der Schriften versuchten sie den Messias zu erwarten, der von Osten kommt, wie es in der Schrift heißt. In Qumran galten strenge Regeln: Lachen war verboten. An der Seite der Engel wollten sie als Söhne des Lichts am Ende der Tage gegen die Söhne der Finsternis kämpfen. Jesus hatte sicher nichts gemein mit ihnen und teilte schon gar nicht deren Vorstellung von der Reinheit vor Gott.

Es ist so dramatisch heiß geworden. Die Wüste lässt uns austrocknen. Wasser trinken. Mehr denn je. Und sich tragen lassen. Einmal vom Toten Meer mit seiner gesättigten Salzlösung. Vorsicht beim Hineingehen. Bitte nicht schwimmen, nicht tauchen, kein Wasser in die Augen bringen. Lasst euch sanft rückwärts hineingleiten. Liegt auf dem Wasser, es trägt. Gegenüber im Osten liegt Jordanien. 45 Kilometer hinauf sind es nach Jerusalem. Und in der Nähe der Wirkungsort des Johannes. Johannes, der Täufer.

---

20 Ein Wadi ist ein Tal oder Flusslauf, der häufig erst nach starken oder länger anhaltenden Regenfällen vorübergehend Wasser führt.

Die Wüste

Am Morgen sind wir gerüstet. Vier Stunden Wüsten-
fahrt stehen vor uns. In fünf Jeeps erfahren wir die judäische Wüste. Anfangs immer das Kulturland und
Jerusalem im Blick entfernen wir uns immer mehr aus
dem Blickfeld der bewohnten Gebiete. Das geht
schnell in der judäischen Wüste. Tiefe Schluchten
durchziehen sie und in Augenblicken sind wir aus
dem Blickfeld der Menschen verschwunden. Wir fahren durch die Wüste, um ein wenig nachspüren zu
können, wie sie lebt. Ja, die Wüste lebt. Im Frühjahr
blüht sie auf. Jetzt, im August, ist sie durch die Sonne
verbrannt. Wir entdecken Spuren des Lebens. Uralte
Zisternen werden von den Beduinen weiterbenutzt.
Steine lenken das wenige Wasser, das in der Wüste als
Niederschlag fällt, in Bahnen und füllen die Zisternen
auf, die so im Sommer Wasser spenden und Leben er-
möglichen. Mönche haben sich in die Wüste zurückgezogen. Wir besuchen das Kloster Mar Saba. Es ist in
byzantinischer Zeit entstanden. Mönche haben Teil
an den biblischen Überlieferungen der Wüstenwande-
rung und der Zeit, als Jesus sich in die Wüste zurückgezogen hatte. 40 Tage, wie es heißt. Die Zahl 40 hat
hohe Bedeutung. Immer wieder taucht die Zahl in der
Bibel auf. 40 Wochen dauert eine Schwangerschaft.
40 Jahre durchquert das Volk Israel nach der Befreiung aus dem Exil in Ägypten die Wüste, bis es das Ge-
lobte Land erreicht. Zeiten neuer Geburt. Schließlich

gelangen wir zum Berg Asasel. Die Bibel überliefert und wir wissen es aus der Praxis des Tempels, dass am jährlichen Jom Kippur, dem Versöhnungstag, der Hohepriester die Sünden des Volkes öffentlich vor der Versammlung bekannte, während er seine Hände auf einen durch Los ermittelten Ziegenbock hielt. Der Bock wurde daraufhin vom Hohenpriester in die Wüste geschickt. Um eine Rückkehr des Ziegenbockes ‚für Asasel' aus der Wildnis zu verhindern, wurde er außerhalb Jerusalems zu einem hohen Berg gebracht und über dessen Kante gestoßen. Der Berg Asasel mitten in der judäischen Wüste. Hier stehen wir eine Weile. Schauen auf das Tote Meer, sehen Jerusalem am Horizont, denken nach über Rituale, Einstellungen, Gruppenkonstellationen, wie sie auch bei uns Alltag sind. Wir kennen den Sündenbock ja bis heute. Und wissen, wie gefährlich einfach es sein kann, Schuld und Versagen abzuwälzen. Menschen auszugrenzen, die wir für schuldbeladen halten, nur um uns selbst rein zu fühlen.

Das Reisen durch die Wüste ist selbst mit dem Jeep anstrengend. Die Wege sind oft zerklüftet und schwer befahrbar. Am Horizont, manchmal ganz nah, kommen uns Kamele entgegen. Für den Orientalen ist das Kamel der Inbegriff der Schönheit. Wir müssen schmunzeln. So unterschiedlich können Kulturen sein. Nach vier Stunden haben wir wenigstens eine ungefähre Vorstellung, eine Ahnung von Wüste und Steppe. Kinder haben wir gesehen, die barfuß in der Wüste laufen. Das könnten wir nicht. Leben wollten wir hier auch nicht. Dass die Wüste und Zeiten des Aufenthaltes in der Wüste immer schon als Bewährungszeit verstanden wurden, Zeiten der Neuorientierung, das ist uns jetzt bewusst. Eveline kennt solche Bewährungszeiten. Wir alle kennen sie. Zeiten, in denen wir an unsere Grenzen gehen müssen. Erfahrungen, in die Wüste geschickt zu werden von Menschen, die uns los haben wollen. Schuld wird auf uns geladen und wir werden getrieben. Wer da am Boden liegt und liegen bleibt, verliert sich. Aber in dieser kargen Gegend – und in kargen Momenten das Leben neu zu finden, welch große und schöne Erfahrung. Wie das Leben zurückfindet, auch in der Wüste, ist eine Erfahrung der Schönheit und neu, eine Erfahrung neu gefundenen Lebens. Immer wieder wird die Wüste beschrieben als ein Ort von Begegnung mit Gott. Wüste, sie ist auch ein Ort der Entscheidung.

Johannes und der Tag der Vision

Al-Maghtas ist ein unscheinbarer Ort nördlich des Toten Meeres am Jordan. Jüngst sind Kirchen gebaut worden an dieser Stelle. Aber uns interessiert Historisches. Johannes der Täufer. Wer war er? Was wollte er? Wie stand Jesus zu ihm und was brachte ihn von ihm weg? Wir wissen, dass sich Jesus in der Nähe zu Johannes aufgehalten hat. Vieles spricht dafür, dass er zu seinen Jüngern gehörte. Sicher ist, dass er sich nach seiner Taufe von ihm emanzipiert und seinen eigenen Weg gesucht hat. Für mich beruhigend, Jesus zu erleben, wie er sein ganzes Leben über nach seinem Leben gesucht hat. Er hat das Leben lernen müssen, den Glauben auch, und sich selbst zu finden, war ein langer Weg. Das müssen wir alle, das musste er. Die Botschaft des Johannes war eine Sensation in seinen Tagen. Kein Wunder wird er der größte der Propheten genannt. Der letzte des Alten Testaments. Mit Jesus begann Neues. Philipp hat immer Angst, dass die historische Botschaft Jesu in meinen kurzen Sätzen untergeht. Ich habe da keine Angst. Die Gruppe hört sehr sensibel zu. Eveline allemal. Eveline ist für mich der Maßstab. Ich erkenne an ihrem Lachen, was in ihrem Herzen angekommen ist. Und da muss die Botschaft ankommen. Erst im Herzen, dann im Verstehen, dann in unserer Haltung, schließlich in unseren Handlungen. In dieser Reihenfolge. In der Bibel steht geschrieben, dass Johannes die Massen sammelte am Jordan.[21] Kein Wunder, denn er war am Kreuzpunkt aller Wege, die aus Norden, Süden und Osten nach Jerusalem führten. Es war keine Tagesreise weg von Jerusalem. Ganz Jerusalem habe sich um ihn gesammelt und viele ließen sich taufen. Umkehr predigte Johannes, und auch er drohte mit Gericht. Aber das Opfern fiel weg. „Herr, tue meine Lippen auf, dass mein Mund dein Lob verkünde. Denn du hast keine Lust am Schlachtopfer, sonst gäbe ich es; Brandopfer gefällt dir nicht. Die Opfer Gottes sind ein zerbrochener Geist; ein zerbrochenes und zerschlagenes Herz wirst du, Gott, nicht verachten."[22] Das Opfer der Gerechtigkeit, ganz und gar fordert Johannes. Für die Priester im Tempel eine Katastrophe, für seine Zeit eine Revolution. Johannes predigt gegen den Tempel Gerechtigkeit. Gericht und Gerechtigkeit bleiben, aber der Opferkult des Tempels wird nutzlos und die Mächtigen verlieren ihre Macht. Kein Wunder verbündet sich der Hohepriester mit dem Haus des Königs. Kein Wunder wird Johannes festgenommen und getötet. Wer gegen die Priester aufsteht, ist des Todes. Ein zerknirschtes Herz ist ein Herz der Einsicht. Menschen werden aufgefordert, vor Gott ihr Leben zu bekennen. Taufe der Umkehr bietet Johannes. Du kannst nochmals von vorne beginnen, vor Gott. Welche Befreiung. Und doch bleibt es eine Botschaft der Gerechtigkeit.

21 Johannes 3,2–18.
22 Psalm 51,17.

Wer kann vor der Gerechtigkeit schon bestehen. Gnadenlos liefert dir die Gerechtigkeit die Rechnung deines Lebens. Nein, Gerechtigkeit, davor kann kein Mensch bestehen. Vielleicht hat Jesus noch an der Seite des Johannes getauft. Mit Sicherheit hat bereits Johannes gespürt, dass seine Botschaft nur vorläufig ist. Im Bekenntnis der Bibel hat er sich geweigert, Jesus zu taufen. Aber Jesus kannte den neuen Weg noch nicht und wollte sich stellen zur Botschaft des Johannes, bis er seine eigene Vision erhielt. In der Vision Jesu gibt es kein Gericht mehr, Gerechtigkeit wird überwunden. Es ist zwar schwierig, Gerechtigkeit gegen Barmherzigkeit zu stellen in dem Sinne, dass Barmherzigkeit Gerechtigkeit gar ersetzt. Jesus aber geht es um eine bessere Gerechtigkeit, indem sie durch Barmherzigkeit ergänzt, erhöht wird. Klar ist, dass Gerechtigkeit Gottes sich abbildet in den Geboten und so Leben in der Chaoswelt überhaupt ermöglicht. In der Botschaft Jesu findet sich Gott aber nicht vollständig, sondern „teilweise" in der Weisung und in den Geboten. Aber Barmherzigkeit gehört zwingend dazu. Nicht jeder bekommt, was er verdient. Es gibt keine Lebensabrechnung mehr bei Gott. Gerechtigkeit wird überwunden durch das Hinzusetzen der Barmherzigkeit. Jeder Mensch ist angenommen bei Gott. Seine vom Herzen kommende Liebe schreibt keine Rechnungen. Welche Befreiung! Welche Erlösung geht von diesem Wort aus. Ja, Jesus hat uns, die ganze Menschheit, erlöst. Aber nicht durch seinen Tod am Kreuz. Er tat es schon früher. Er tat es durch seine Lehre, sein Leben, seine Liebe zu den Menschen, die voller Barmherzigkeit war. Er tat es im Namen seines Gottes.

Einst brachte man Kinder zu ihm, er möge ihnen die Hände auflegen und sie segnen.[23] Die Jünger empörten sich darüber. Herr, schick sie weg. Doch er nahm die Kinder in seine Mitte, legte ihnen die Hände auf und sprach zu seinen Jüngern. Wenn ihr nicht werdet wie diese Kinder, habt ihr mit dem Reich Gottes nichts zu tun. Versteht ihr. Kinder hatten für die Religiösen keinen Wert zur Zeit Jesu. Sie galten als dumm, kannten die Gesetze nicht, weil sie nicht lesen konnten. Dumme, unwissende Kinder. Sie waren Besitz des Vaters. Erst als Erwachsene bekamen sie ihre eigene Stellung, ihren eigenen Wert. Doch vor Gott, so die Lehre Jesu, braucht es keine Vorleistung für die eigene Würde. Er segnet die Kinder. Zu diesem Zeitpunkt verstanden die Jünger ihn noch nicht. Wie kann er das tun? Die Kinder vermögen noch nichts. Kaum, dass sie laufen können. Keines kann sich alleine nähren, sich schützen. Keines hat einen Beitrag für die Sippe geleistet. Und genau das ist es, sagt Jesus. So hat Gott sie geschenkt auf diese Erde, euch anvertraut. Leben wird geschenkt ohne Vorleistung. Angewiesen kommt das Leben auf die Welt, bedürftig kommt das Leben auf die Welt. Es bedarf des Schutzes, das Leben. Und ist angewiesen darauf, dass ihr dies alles gewährt. Das Reich Gottes, auch das Reich Gottes ist schutzlos

23 Markus 10,13–16.

mitten unter euch. Es lebt und stirbt durch unsere Hand. Vierzig Tage geht Jesus in die Wüste. Zeit der Schwangerschaft, Zeit der Besinnung, Zeit der Prüfung, auch für ihn, Jesus. Zeit, sich zu entscheiden. Denn nicht nur einmal musste er sich entscheiden. Aber jetzt war es eine Lebensentscheidung. Würde er sich entscheiden für einen völlig neuen Lebensentwurf? Einen, den es vor ihm noch nicht gab. Würde er sich entscheiden, die Menschen einen Schritt weiterzubringen. Den Tempel zu überwinden. Mose fortzuschreiben. Kämpfen wie Elija für eine neue Welt. Er tat es. Unter Schmerzen. Er tat es. Er zog fort nach Kafarnaum, Chorazin und Betsaida, lehrte und lebte unter den Menschen, heilte, was verwundet war. Und geriet doch in die tiefste Krise seines Lebens. Denn die Menschen erwarteten das Heil nicht von einem Menschen. Sie warteten auf Gott. Er aber handelte in Gottes Namen, das begriffen sie nicht. Für wen halten mich die Menschen?

Die Vision

Aber woher kommen seine Gedanken? Wie begründen sich seine Handlungen und seine Haltung zum Menschen? Dreißig Jahre hat Jesus ein ganz normales Leben geführt in Nazaret. Mit Sicherheit hat ihn Sepphoris beeinflusst, Dionysos und wie ich meine auch Pan, der Beschützer der Herden einfacher Hirten. Aber er taucht öffentlich nicht auf. Was passierte, dass er in die Öffentlichkeit ging? In den Evangelien finden sich drei Indizien, die die Wende Jesu verständlich machen. Um die Person Jesu verstehen zu können, müssen wir seine Vision verstehen. „Dann kommt Jesus aus Galiläa an den Jordan zu Johannes, um sich von ihm taufen zu lassen. Johannes aber wehrte ihm und sprach: Ich habe nötig, von dir getauft zu werden. Und du kommst zu mir? Jesus aber antwortete und sprach zu ihm: Lass es jetzt so sein! Denn so gebührt es uns, alle Gerechtigkeit zu erfüllen. Da lässt er ihn. Und als Jesus getauft war, stieg er sogleich aus dem Wasser herauf; und siehe, die Himmel wurden ihm geöffnet, und er sah den Geist Gottes wie eine Taube herabfahren und auf sich kommen. Und siehe, eine Stimme kommt aus den Himmeln, welche spricht: Dieser ist mein geliebter Sohn, an dem ich Wohlgefallen gefunden habe."[24] Wir lesen gern seine Taufe und das Herabkommen der Taube als Zeichen des Geistes und des

24 Matthäus 3,13–17.

Friedens. Wir versuchen uns selbst zu legitimieren, indem wir ihn als den Sohn geoffenbart bekommen. Doch das ist noch keine Vision. Ganz Israel verstand sich als Söhne und Töchter Gottes. Und der Geist steht über jedem Menschen. Die Vision überlesen wir weithin. Ihm wurde der Himmel als geöffnet offenbart. Das ist die Vision. Wir verstehen nicht? In der Vorstellung der Bibel war der Himmel verschlossen, nicht geöffnet. Ein zweiter Beleg im Neuen Testament lässt Jesus sprechen: Ich sah den Satan aus dem Himmel stürzen.[25] Das Gericht Gottes wurde erwartet. Es entschied über die Zulassung zum Himmel oder die Verdammnis. Es war der Satan, der prüfte. Keine Angst, nicht der Teufel, den wir im Mittelalter daraus gemacht haben. Der Satan war ein Engel und er war der Staatsanwalt des Himmels. Der hatte den Auftrag, zu prüfen, ob du richtig gelebt hast nach den Weisungen Gottes. Welch angsterfüllte Vorstellung. Mein ganzes Leben käme auf den Prüfstand. Mehr Leistungsprinzip geht nicht, und mehr Angst geht auch nicht. Die Angst, ich könnte den Himmel verfehlen. So angstbesetzt lebten Menschen, die an den Gott Israels glaubten. Kein Wunder florierte das Geschäft mit den Opfern. Leichtes Spiel für die Priester am Tempel und Sadduzäer, das Volk zu beherrschen. In Gottes Namen zu herrschen, auch über die Herzen der Menschen. Das geht damit einher. Der Himmel geöffnet und kein Staatsanwalt mehr im Himmel. Übrigens: Die Bibel

25 Lukas 10,18.

beschreibt nicht, der Satan wäre auf die Erde gestürzt, und auch nicht, er wäre seither der Widerpart des Bösen zu Gott. Das alles ist Mittelalter. Nur, dass er gestürzt ist und seine Funktion verloren hat im Himmel, davon ist die Rede. Aber welche Befreiung im Verhältnis der Menschen zu Gott und fortan untereinander! Ein dritter Beleg: Unsere Namen seien eingeschrieben im Himmel.[26] Jetzt macht alles einen Sinn. Jetzt öffnet sich alles. Jesu Vision führt zu einem völlig neuen Verständnis von Gott und folglich zu einer einzigartigen Haltung gegenüber Menschen. Wenn der Himmel offen ist und jeder Name eingeschrieben ist im Himmel, dann hat jeder Mensch seine Berechtigung vor Gott, nicht weil er zu einem Volk gehört oder etwas geleistet hat oder gehorsam war einem Gesetz und Opfer brachte zur rechten Zeit. Wenn der Himmel geöffnet ist, dann gehören wir alle zu Gott, weil wir Menschen sind. Unseren Wert, unsere Würde besitzen wir, weil wir Menschen sind, ohne Vorleistung, ohne Gericht. Das zu begreifen ist die ganze Reise wert. Eveline: Du brauchst dich im Schwabenland nicht für deine braune Hautfarbe zu entschuldigen, K. nicht für ihre Augen, die auf Korea hindeuten, und Philipp nicht, weil er von der Ostalb kommt. Es ist nicht der Beste, der die meisten Opfer bringt im Leben, und keiner kommt schneller in den Himmel durch das rein äußerliche Erfüllen des Gesetzes. Wir dürfen sein, die wir sind. Und wir sind gut vor Gott, weil wir sind, wer

26   Lukas 10,20.

wir sind. Geht mehr Freiheit und Würde? Ich glaube nicht. Ich glaube an die Vision Jesu, die er freilich auch erst verstehen und begreifen lernen musste. Darum rennt er, Jesus, seit dem Tag seiner Vision durch Galiläa. Er erzählt von der frohen Botschaft: kein Gericht, also keine Angst. Heilt Kranke, weckt Tote auf, legt den Lahmen die Hände auf, berührt Aussätzige. Weil sie Menschen sind. Es existiert die Vorstellung, dass alles, was einem Menschen widerfährt, eine Art Strafe von Gott wäre: Blindheit, Taubheit, Aussatz. Welch Unsinn! Nur dass sie geheilt werden sollen, ist Jesu Glaubensbekenntnis.

Ich werde über nichts anderes mehr schreiben. Wir sind geliebt, weil wir es sind. Du bist geliebt, weil du es bist. Mit all deinen Verletzungen, deinen Sehnsüchten und Träumen, all den kleinen und großen Unfertigkeiten deines Lebens. Dein Suchen ist geliebt, deine Sorge, deine Fürsorge, dein Lachen, deine Art zu lieben und zu suchen ist geliebt. Dein Werden ist geliebt, auch deine Verirrungen. Deine großen und kleinen Suchbewegungen des Lebens, sie, auch wenn sie nicht immer auf deinen eigenen Weg führen, sind geliebt. Auch deine Umkehr ist geliebt. Deine Tränen, deine Hände, deine Hoffnung auf mehr, auf Zärtlichkeit. Alles in dir ist geliebt. Schließe die Augen und spüre dieser Liebe nach. Du darfst dich fallen lassen in deinen Gedanken und ganz real in meine Arme. Du bist geliebt, schon vor deiner Geburt. Der Schrei nach Leben ist geliebt und deine ersten unsicheren Schritte im Leben. Dein Werden ist geliebt und deine pubertäre Art auszubrechen aus allem Gewohnten. Die Suche nach dir selbst ist geliebt. Und selbst die Maskeraden sind geliebt. Ja, selbst das versteckte Leben ist geliebt und deine Unsicherheit, es zu leben. Weil das Menschsein so ist. Es ist voller Lebensversuche, jeden Tag neu. Und frei bist du, wenn du erkennen kannst, dass du auch nicht fertig zu sein brauchst, nicht perfekt. Dein Leben ist Chaos und Ordnung in einem. Du bist ein Mensch. Atme tief durch. Das darfst du sein, ein Mensch.

Jesus in Galiläa

Der See Gennesaret

Ich bin früh aufgestanden. Genieße die Ruhe und blicke hinaus auf den See. Das tiefe Blau des Wassers, die grünen Uferstreifen und die umliegenden schroffen Berge lassen den See wie eine strahlende Oase wirken. Sein größter Wert: das Wasser. Fruchtbarkeit umgibt den See. Bis zu drei Ernten im Jahr lässt das Klima zu. Man kann Kafarnaum ahnen und den Berg der Seligpreisungen. Alles ist sehr nah. Der Wirkungsort Jesu. Hier mag er gestanden haben am Ufer des Sees. Er ist nicht besonders groß. Vielleicht 21 Kilometer lang und 13 Kilometer breit. Na ja, da spricht halt einer, der vom Bodensee kommt. Immerhin ist es der tiefst gelegene Süßwassersee der Welt, rund 210 Meter unter dem Meeresspiegel. Der Jordan speist ihn mit Wasser und verlässt den See wieder im Süden Richtung Totes Meer. Wir sind mitten im syro-afrikanischen Bruch. Das Gästehaus in Tabgha ist wunderschön. Einen Steinwurf weit von der Brotvermehrungskirche. Und an der Bruchstelle, an der sich die Geister scheiden werden. Ich möchte den Wundern nachspüren, die Jesus erlebt hat mit Menschen, die noch offen waren für Wunder der Berührung. Wunder, die ihr Leben wieder heil werden ließen. Ich kann mich nicht damit anfreunden, dass Jesus zu Nachfolge aufruft, aber die wichtigsten Dinge, die er tat, für uns nicht nachvollziehbar sein sollten. Eveline sitzt im Schneidersitz auf der Mauer. Sie trägt eine Sonnenbrille. Ich kann ihre Augen nicht sehen. Aber ich ahne ihr Lachen. Eveline strahlt das ganze Leben aus. Es macht Spaß, mit ihr zu reden. Schon einen Klippdachs gesehen, frage ich. Einen was? Na, so eine Art Elefant, nur in klein. Veräppel mich nicht. Kommt als Antwort. Eveline möchte mir so gern glauben. Aber einen Elefanten in klein? Das geht nun wirklich zu weit. Und doch. Schau, da liegt einer. Auf den Steinen räkelt sich einer. Eigentlich sieht er eher aus wie ein zu groß geratenes Meerschweinchen. Die Gliedmaßen sind kurz und kräftig. Ursprünglich dachten Wissenschaftler, Klippdachse seien Nagetiere. Sehen sie doch wirklich aus wie zu groß geratene Hasen oder Murmeltiere. Erst als die DNA der kleinen Sonderlinge untersucht wurde, kam man zu der erstaunlichen Erkenntnis: Klippdachse sind viel eher Huftiere und ganz nah verwandt mit Elefanten und Seekühen. Klippdachse benutzen also die gleichen DNA-Kochrezepte wie Elefanten und Seekühe. Bitteschön! Eveline lacht schallend heraus. Ich fühle mich wohl hier. Der Ort strahlt Ruhe aus. Und doch weiß ich, wir sind im Zentrum Galiläas. Im Norden Cäsarea Philippi, es ist der Ort der Entscheidung. Von hier aus wird Jesus nach

Jerusalem aufbrechen, sich der Auseinandersetzung zu stellen. Im Osten liegen die Zehn Städte, außerhalb des Einflusses des Herodes. Wie oft hat Jesus sich zurückgezogen auf die andere Seite des Sees in das Land der Dekapolis. Und welch fantastische Entwicklung hat er dort vollzogen, als er spürte, dass seine Lehre nicht auf das Volk Israel beschränkt bleiben durfte. Drüben im Westen Tiberias. Die Stadt wurde um 17 n. Chr. von Herodes Antipas, dem Sohn Herodes des Großen, an der Stelle des biblischen Rakkath gegründet. Den Namen wählte Herodes zu Ehren des neuen römischen Kaisers Tiberius, Sohn des großen Augustus. Alles, was wir von einer römischen Stadt erwarten, findet sich dort: Forum, Theater, eine Rennbahn. Die Stadt wurde jedoch gemieden, weil Gräber für die neue Stadt überbaut wurden. Dort saßen die Römer, an den heißen Quellen hatten sie ihre Befestigung. Von hier aus überwachten sie das Land. Der Blick geht in den Süden. Weit entfernt scheint das Tote Meer. Dort hatte Jesus seine Vision vom Leben. Von dort aus, Jericho, wird er auch aufbrechen, Jerusalem herauszufordern.

Aber hier hat er gelebt. Jesus am See Gennesaret. Für uns schwierig nachzuvollziehen. Die Gegend wirkt klein und idyllisch. Zur Zeit Jesu war es eine strategisch bedeutsame Gegend. Handelsrouten von Nord nach Süd und von West nach Ost kreuzten sich hier. Eine Gegend, in der alle Kulturen und Religionen aufeinandertrafen. Gleichsam an den Zollstationen der Macht. Alter Glaube und alte Tradition trafen auf neue Ideen und neue Machthaber, die nun in Tiberias saßen. Hier, im Schmelztiegel von Gedanken, Religionen und Kulturen hat er Wunder vollbracht und gelehrt. Meine Kirche hat mich gelehrt, ihn, Jesus, anzubeten. Seine Wunder wurden erzählt, um seine Größe zu beschreiben. Aber keiner hat mir gesagt, dass auch ich in der Lage bin, Wunder zu vollbringen. Heute bin ich überzeugt: Jesus bat mich nicht um meinen Glauben an ihn. Er lud ein zur Nachfolge. An seinem Leben sollte ich ablesen können, wie auch mein Leben gelingen kann und ich beitragen kann zum Gelingen des Lebens der Menschen, die mir anvertraut wurden im Leben. Viele Jahre habe ich die Wundergeschichten der Bibel studiert. Es gibt kein einziges Wunder, das nicht durch meine Hände, durch mein Wort, durch mein Leben lebendig werden kann. Nur hat mich meine Kirche nie gelehrt, wie es geht. Eine Frau sitzt am Eingang einer Synagoge mit gekrümmtem Rücken. Ihr aufrechter Gang ist verloren. Aber er, Jesus, stellt sie in die Mitte, legt ihr die Hände auf und berührt sie. Sie steht aufrecht vor ihm.[27] Was ist geschehen? Vor aller Augen hat er einem Menschen, der seiner selbst beraubt wurde, seine Würde zurückgegeben. Nur durch ein öffentliches Zeichen. Der Übertragung der Würde, wie es bei Priestern geschieht, bei Propheten, bei Königen – durch Handauflegung. Dieser Würde werden Frauen bis heute beraubt. Keiner legt ihnen die Hände auf zur Übertragung der Priesterwürde.

27   Lukas 13,10–13.

Warum nicht? Jesus hat es getan. Denn das vor allem sollten Priester tun: Menschen ihre Würde zurückgeben. Menschen aufrichten, die gebeugt sind. Jesus hat es getan.

Da ist einer blind unter uns, hat keinen Durchblick mehr, ist mit Blindheit geschlagen. Wie oft bin ich das? Und sehne mich danach, jemand würde es bemerken. Meine Blindheit, meine Angst, meine Verwirrungen und Irrungen, mein Nicht-mehr-hinschauen-Wollen. Wie eindrucksvoll einfach lebt Jesus seine Wunder. Er bleibt stehen, wenn ein Mensch um Hilfe schreit. Er führt ihn weg, sucht sein Vertrauen. Legt ihm mit Speichel seine Hände auf die blinden Flecken seines Lebens. Mit Speichel, ganz recht. Wann lassen wir uns mit Speichel berühren? Doch nur, wenn Wunden gesäubert werden oder beim Kuss. Nur wenn wir spüren, dass wir einander intim und nahe sein dürfen, geschieht das Wunder der Heilung. Das gilt für jedes Wunder. Ob ich lahm geworden bin und nicht mehr alleine meinen Weg finde, ob ich taub oder stumm bin. Immer ist es das Wunder der Berührung, die mich wieder gehen lässt, wieder hören, wieder reden. Ein Mensch berührt mein verletztes Leben in vertrauter Zuneigung und intimer Nähe und zart. Warum tat er das? Weil er konsequent seiner Vision folgte. Wenn das Leben eines jeden Menschen eingeschrieben ist im Himmel, wenn alle Menschen, weil sie eben Menschen sind, zu Gott gehören, dann gilt das auch für das verletzte Leben, dann gilt es für alle Menschen. Und einzig ihr Heil ist es, was noch aussteht, und eine Berührung, die es ermöglicht und die einem jeden Menschen möglich ist, wenn wir uns nur für das Leben entscheiden. Ob Jesus es sofort begriffen hat? Nein, auch er musste es lernen. Zuerst heilte er nur Menschen aus seinem Volk und anfangs war er wohl auch der Meinung, dass diese Zusage des geglückten Lebens auch auf diejenigen beschränkt wäre, die seinen kleinen Wüstengott anbeteten. Aber was unterscheidet die Menschen vor dem Gott, der er wirklich ist? Er lernte es fernab von Israel bei einer Begegnung mit einer syrophönizischen Frau.[28] Ihre Tochter war krank und sie bat ihn, die Tochter zu heilen. Aber er lehnte ab. Erst als sie inständig darum bat, es werden doch ein paar Brotkrumen vom Tisch für die Hunde, die Heiden abfallen, da begriff er, dass die Einteilung in Stämme, Völker und Religionen dem Menschsein im Wege stand. Die Tochter war bedürftig und also bedurfte es seiner Nähe, sie zu heilen. Und er heilte sie. Das hatte er gelernt. Gott sei Dank. Und wir, sagt Eveline, sind im Begriff, es wieder zu verlernen. Wieder teilen wir die Welt in Nationalitäten der Zugehörigkeit, in Kulturen und Religionen der gewohnten Wahrheiten und verlieren den Blick für das Menschliche.

Mir geht der Satz nach, den Eveline heute zu mir sagte: Ich werde dir glauben, hatte sie gesagt. Im Hebräischen bedeutet das Wort Glauben eigentlich Vertrauen. Und genau darum muss es gehen, wenn wir

---

28   Markus 7,24–30.

vom Glauben reden. Ich rede nicht sehr gern über den Glauben. Er scheint so starr und meint allzu oft nichts anderes als Gesetz oder Wahrheit. Ich aber möchte keiner Wahrheit folgen und nicht einfach Gesetzen genügen. Ich möchte vertrauen. Und spüre, wie große Bedeutung ein solcher Satz bekommt, wenn er über einen selbst gesprochen wird. Ein Mensch vertraut mir. Welch hohe Verantwortung das ist! Aber auch welch großes Entgegenkommen und welche Offenheit. Ich möchte behutsam umgehen mit Menschen, die mir vertrauen. Menschen sind verletzbarer, je mehr Vertrauen sie schenken. Vielleicht sind Menschen auch nicht mehr bereit zu vertrauen, weil sie so oft verletzt wurden.

Seine Stadt – Kafarnaum

Zwei Bauten ragen heraus aus Kafarnaum, die uns beide nur am Rande interessieren. Die große Synagoge aus Kalkstein im Norden. Wir betreten sie nicht einmal. Sie stammt aus byzantinischer Zeit und das „Ufo", das über einer Ausgrabung schwebt, wird insula sacra genannt. Das „Ufo", so wird sie im Volksmund genannt, ist eine moderne Kirche exakt über dem Ort, an dem aus byzantinischer Zeit eine kleine Kirche steht. Jedenfalls ihre Grundmauern sind noch zu sehen. Hier finden sich kleine Wandzeichnungen eines Fisches. Frühestes Erkennungszeichen der beginnenden Christenheit: das Haus der Schwiegermutter des Petrus. Wenn das nicht historisch ist. Wer erwähnt schon gerne seine Schwiegermutter? Die Bibel tut es und beschreibt, wie Jesus dort heilt, lebt und wirkt. Die Stadt, eigentlich eher ein großes Dorf, besteht aus insulae, kleine in sich geschlossene Inseln, in der je eine Sippe gelebt haben mag. Eher bescheiden zeichnen die Ausgrabungen ein Dorf, das in beschaulichen Bahnen gelebt haben mag. Eine Sippe neben der anderen. Keine großen Höhepunkte, weder religiös noch kulturell. Abzulesen ist Alltagsleben zwischen Feldarbeit und Fischfang. Eingezwängt ist das Dorf zwischen Via Maris und dem See. Hier hat Jesus gelebt. Die Häuser aus Basaltstein, schwarz. Wir ahnen, wie heiß es gewesen sein muss in den Straßen und Häusern. Gelebt haben die Menschen auf den Dächern. Weinreben rankten empor und gaben Schatten. Berichtet wird, wie Massen sich den Weg zu Jesus bahnten.[29] Na ja, vielleicht sind es zwanzig gewesen oder dreißig. Dann aber spätestens sind die Straßen verstopft. Eine andere Geschichte wird plastisch vor unseren Augen. Man habe einen Gelähmten zu ihm gebracht, den sie über die Dächer trugen. Sie haben die Steine von den Dächern genommen, um ihn vor Jesus herunterzulassen. Das kann man heute noch sehen. Die Steinplatten der Dächer. Wir ziehen uns in den Schatten unter die Bäume zurück. Ich erzähle, wie Jesus hier am See seine ersten Jünger zu sich rief. „Als er aber am See von Galiläa entlangging, sah er zwei Brüder: Simon, genannt Petrus, und Andreas, seinen Bruder, die ein Netz in den See warfen, denn sie waren Fischer. Und er spricht zu ihnen: Kommt, mir nach! Und ich werde euch zu Menschenfischern machen. Sie aber verließen sogleich die Netze und folgten ihm nach. Und als er von dort weiterging, sah er zwei andere Brüder: Jakobus, den Sohn des Zebedäus, und Johannes, seinen Bruder, im Boot mit ihrem Vater Zebedäus, wie sie ihre Netze ausbesserten; und er rief sie. Sie aber verließen sogleich das Boot und ihren Vater und folgten ihm nach.“[30] Welche Kraft und Energie sind in diesen Worten. Wir müssen uns das vorstellen. Da kommt einer aus Nazaret, ein Mann aus dem Nichts, und will den Fischern am See ein neues Leben bringen. Und

29 Markus 2,1–12.
30 Matthäus 4,18–22.

das Programm heißt Nachfolge. Alles stehen und liegen lassen, um ihm zu folgen. Einzelne aus dem Verbund der Großfamilie herauszunehmen, war möglicherweise ärgerlich, aber machbar. Fischen geht im Verbund, wir würden heute sagen genossenschaftlich organisiert. Und dennoch war es ein gewaltiger Schritt, auf ihn, Jesus, vertrauend das Leben neu zu beginnen. Sich in die Augen schauen. So stelle ich es mir vor: Jesus und Petrus sahen einander in die Augen. Der Einstieg in ein Wunder. Sich in die Augen schauen können, welch wunderbare Erfahrung. Oder eben die Erkenntnis, dass es nicht geht. Vielleicht noch nicht. Jeden Tag kommen wir in diese Situation. Ich muss einen Mitarbeiter bitten, „mir zu folgen". Was brauche ich, um vertrauen zu können? Was muss in mir geschehen, dass ich glaubwürdig bin und wirke. Petrus jedenfalls sah in Jesu Augen und ließ alles stehen und liegen und folgte ihm nach. Kafarnaum ist für Jesus Abschied aus der Familie, Abschied aus den Gepflogenheiten des überkommenen Lebens. Kafarnaum ist die Stadt seiner neuen, selbstgewählten Familie. Hier findet er seine ersten Freunde. Obwohl er selbst noch ein Suchender war, lehrte er, was er verstanden hatte. Eine neue Lehre eines Gottes, der uns alle meint.

Ich denke an Menschen, die in meine Augen schauen. Menschen, denen ich in die Augen schaue. Was empfinde ich beim Blick in die Augen? Kann ich das Herz sehen und ein wenig in der Seele lesen? Sehe ich vertraute Offenheit oder ängstliche Furcht? Kann ich einem Menschen folgen? Kann ich es in den Augen lesen, ob Vertrauen möglich ist? Ich glaube schon. Ich habe mein Handy in den Spiegelmodus geschaltet und betrachte meine Augen. Eveline sieht es, kommt herüber zu mir und fragt: Was machst du da? Ich schaue, sage ich, ob ich diesen Augen vertrauen würde. Sie schmunzelt. Wenn die Offenheit der Augen mit dem, was du so sagst, übereinstimmt und dann noch die Taten dazu passen, warum nicht. Und das ist es auch: Wir müssen übereinstimmen mit dem, was wir sagen und tun.

Berg der Bergpredigt³¹

Wenige Minuten entfernt von Kafarnaum liegt der Berg der Bergpredigt. Es ist kein historischer Ort und die Predigt keine, die je in dieser Form gehalten wurde. Es ist dennoch ein beeindruckender Ort. Voller Charme und Ausstrahlung. Ein Ort zum Verweilen, zum Innehalten. Wir taten es. Suchten uns einen schattigen Platz. Wir saßen eng beisammen und hörten. Wir kamen uns vor wie einst die Jünger. Denn so war es beschrieben. Der Evangelist Matthäus hat in der Bergpredigt die Botschaft Jesu zusammengeschrieben und stellt uns Jesus als zweiten Mose vor, der aber nicht wie Mose am Sinai zum ganzen Volk spricht, sondern nur zu seinen engen Freunden. Im Kreis seiner Jünger wollte Jesus Klarheit. Und Sicherheit den Seinen. Wer war er? Kein Jota wollte er verändern, so seine Lehre. Nicht ein Wort des Gesetzes sollte aufgehoben werden. Das Gesetz stammt von Mose. Er, der Gott gesehen hat, gab es seinem Volk. Aber jetzt wuchs er, Jesus, über Mose hinaus. Es geht nicht mehr um reine Anwendung des Gesetzes. Es geht um Vertrauen. Kein rein äußeres Einhalten von Vorschriften und Geboten. Der Mensch müsse gänzlich erfüllt sein vom Geist des Gesetzes. Nur so würde es sich erfüllen. Jesus ist der neue Mose. Das spürten die Jünger. Und sie selbst sollten sich empfinden wie

---

31 Matthäus 5–7.

Salz der Erde. Durch die Jünger sollte die Erde auf den Geschmack kommen. Würze dem Einerlei des Lebens. Aufrecht und selbstbewusst sollten sie sein, die Jünger, wie Licht, das leuchtet in der Finsternis. Söhne und Töchter des Lichts, gegen die Ohnmacht der Finsternis. Seine Worte waren Worte der Stärkung, aber auch Handlungsdeutung für die Gegenwart. Schlägt dich einer auf die rechte Wange? Das war üblich. Das war Besatzungsrecht und Demütigung zugleich. Hier ging es nicht um Faustkämpfe. Hier ging es darum, wie die Jünger umgehen sollten mit Schmähung und Kränkungen durch die Mächtigen. Wie schlägt man mit der rechten Hand auf die rechte Wange? Das geschieht mit dem Handrücken als Zeichen der Erniedrigung. Halte ihm auch die linke Wange hin. Also, lass jede Demütigung ins Leere gehen. Verlangt einer, du sollst eine Meile mit ihm gehen, auch das war Besatzungsrecht, dann geh zwei mit ihm. Er wollte seine Jünger stolz wissen und aufrecht. Keine Macht der Erde sollte ihnen etwas anhaben können. Nicht an ihrem Herzen. Und kein Zweifel an der Botschaft, dass das Reich Gottes längst begonnen hat. Mitten unter den Menschen. Auge um Auge, so sprach das Gesetz. Es war zweifellos ein Schritt in der Geschichte, ein wichtiger. Es war das Gebot Gottes, das die Spirale der Gewalt stoppte. Wurde dir ein Schaf gestohlen oder ein Lamm, fordere eines zurück. Ist einer deiner Sippe ermordet worden, dann möge einer aus der Sippe deines Feindes sterben. Das war das Ende der Blutrache. Ein Ende der ausufernden Gewalt. Das hast du gelernt und eingeübt, jetzt aber, spricht Jesus, habe Mut und geh einen Schritt weiter. Warst du bisher zufrieden mit Gerechtigkeit, geh einen Schritt weiter. Es kommt Barmherzigkeit hinzu. Sei beim Herzen. Denn: „Ihr habt gehört, dass gesagt ist: Du sollst deinen Nächsten lieben und deinen Feind hassen. Ich aber sage euch: Liebt eure Feinde, und betet für die, die euch verfolgen, damit ihr Söhne eures Vaters seid, der in den Himmeln ist! Denn er lässt seine Sonne aufgehen über Böse und Gute und lässt regnen über Gerechte und Ungerechte. Denn wenn ihr liebt, die euch lieben, welchen Lohn habt ihr? Tun nicht auch die Zöllner dasselbe? Und wenn ihr allein eure Brüder grüßt, was tut ihr Besonderes? Tun nicht auch die von den Nationen dasselbe? Ihr nun sollt vollkommen sein, wie euer himmlischer Vater vollkommen ist."[32] Das gab es nur in Palästina. Regen für alle. An den großen Flüssen Nil, Euphrat und Tigris wurden diejenigen beherrscht, die vom Wasser lebten. Priester und Könige schwangen sich auf, über Menschen zu regieren im Namen der Götter, indem sie das Wasser verteilten. Er, Jesus, spürte: Wenn Gott regnen lässt über Gerechte und Ungerechte, dann war die Herrschaft von Menschen über Menschen aufgehoben und Barmherzigkeit für alle Menschen durchzog seine Lehre.

Wir waren dreißig Leute in der Gruppe und durften uns doch fühlen wie jene zwölf, die er versammelt hatte, mehr zu hören, als es je in einem Gesetz ge-

---

32 Matthäus 5,43–45.

schrieben war. Wir wurden Zeugen eines Mannes, der das Gesetz des Mose weiterdachte, nicht um es aufzuheben, sondern um es zu bestätigen. Seine Jünger sollten mit Vertrauen die nächsten Schritte gehen und so die Welt verändern. Erfüllt blieben wir einen Augenblick schweigend. Bis Philipp uns entließ, den Berg zu erkunden mit seiner wunderschönen Kirche, die 1937 von Antonio Barluzzi gebaut wurde. Auf einem achteckigen Grundriss gab sie den Blick frei auf den ganzen See. So klein die Gegend erschien und harmonisch: Hier traf sich die ganze Welt. Hier zog der Handel der Welt von Nord nach Süd und von Ost nach West. Hier war der Welttreffpunkt aller Religionen. Wer dieses Stück Land besaß und den Hafen am Meer, der hatte Macht über Menschen und Kontinente. Barluzzis Kirche birgt ein Geheimnis. Das Achteck als Grundriss. In manchen Kulturen ein Symbol des Denkmales an die Ahnen, für die Christenheit ein Zeichen der Taufe und des Neubeginns. Hier strahlt sie Fortschritt, fortschreiten in der Geschichte von der Gerechtigkeit hin zur Barmherzigkeit zur besseren Gerechtigkeit. Wir fuhren wieder hinter zum See. Wir sind mit den Jüngern unterwegs und mit ihm, Jesus, dem Menschen.

Ich möchte noch so vieles lernen, sagt Eveline. Ich möchte die Worte aufsaugen und schauen, was sie in mir machen. Gewalt ins Leere laufen lassen? Das ist schwierig. Das kostet Überwindung. Macht auszuhalten, die über mich ausgeübt wird, im Vertrauen darauf, dass den Mächtigen ein Schamgefühl einholt.

Und wenn ich daran zerbreche? Ich möchte vertrauen, darauf, dass mich jemand auffängt, mich berührt, auch an meinen verwundeten Stellen. Ob ich das zulassen kann. Und atmete tief durch, Eveline. Vertrauen wird zum Schlüsselbegriff des Lebens. Nicht der Glaube ist es, es ist das Vertrauen. Vertrauen in die Nähe der Menschen zueinander und was sie bewirken kann. Nähe kann verletzen oder heilen. Das ist mir sehr bewusst. Nähe kann selbst zur Macht werden, die einen Menschen erdrückt. Und Nähe kann heilen. Meine Hände kämpfen oder streicheln. Wie sensibel müssen wir wieder werden, um diesen schmalen Grat zu erkennen, der uns heilt oder verletzt.

Tabgha am See

Ein junges Kloster mit Geschichte. Heute sieht es aus wie aus der Zeit gefallen. Neu, ansehnlich, erhaben, kostspielig. Die alten Bauten gründeten auf schwarzen Basaltmauern, vergleichbar mit denen im nahe gelegenen Kafarnaum. Das heutige Kirchengebäude der Brotvermehrungskirche Tabgha mit vorgelagertem Atrium und Narthex ist in den Jahren 1980 bis 1982 als Rekonstruktion der byzantinischen Kirche aufgebaut worden. Wir genießen den Augenblick. Was ist ein Wunder? Hier sollen 5.000 gespeist worden sein. Dabei sind nur die Männer gezählt. Sollte die Anzahl eine Bedeutung haben, dürfen wir ruhig noch 5.000 Frauen und Kinder hinzuzählen. Aber darum geht es nicht. Es geht auch nicht darum, Jesu Macht und Hoheit zu beschreiben. Ich glaube, es geht um Haltung. Um eine ganz bestimmte Haltung Gott gegenüber und den Menschen. Was ist geschehen? „Als es aber Abend geworden war, traten seine Jünger zu ihm und sprachen: Der Ort ist öde, und die Zeit ist schon vergangen. Entlass die Volksmengen, dass sie hingehen in die Dörfer und sich Speise kaufen! Jesus aber sprach zu ihnen: Sie haben nicht nötig wegzugehen. Gebt ihr ihnen zu essen! Sie aber sagten zu ihm: Wir haben nichts hier als nur fünf Brote und zwei Fische. Er aber sprach: Bringt sie mir her! Und er befahl den Volksmengen, sich auf das Gras zu lagern, nahm die fünf Brote und die zwei Fische, blickte auf zum Himmel und dankte;

und er brach die Brote und gab sie den Jüngern, die Jünger aber gaben sie den Volksmengen. Und sie aßen alle und wurden gesättigt. Und sie hoben auf, was an Brocken übrig blieb: zwölf Handkörbe voll. Die aber aßen, waren ungefähr fünftausend Männer, ohne Frauen und Kinder."[33]

Eine Alltagsgeschichte, wie sie jeden Tag geschehen könnte und jeden Tag geschieht. Den ganzen Tag hat man sich beschäftigt. Und am Abend ist man müde. So weit, so gut. Die Jünger sind Menschen wie wir. Wer zu essen haben will, der möge doch gehen und sich etwas kaufen. Sie erklären sich für nicht zuständig. Wie oft geschieht das. Wir erklären uns für nicht zuständig. Menschen haben Hunger: Hunger nach Brot, Hunger nach Liebe, Hunger nach Trost, Hunger nach Fürsorge, Hunger nach Nähe. Hunger über Hunger. Die ganze Welt ist voller Hunger. Ein jeder Mensch hungert. Hunger nach Zärtlichkeit, Hunger nach Anerkennung, Hunger nach einem Wort der Zuneigung, Hunger über Hunger. Aber wer ist zuständig, den Hunger zu stillen. Wir nicht, sagen die Jünger. Jünger, die eben noch von Barmherzigkeit hörten, erklären sich für nicht zuständig. Ich atme tief durch. Jesus jedenfalls findet sich mit der erklärten Nicht-Zuständigkeit nicht ab. Gebt ihr ihnen zu essen, sagt er. Klare Zuständigkeit. Es gibt kein Entrinnen. Die Jünger wehren sich. Wir haben nichts! Wie oft stehen wir in dieser Tradition! Wir sollen etwas geben: Zeit,

33 Matthäus 14,15–21.

Trost, Pflege, Fürsorge, Bildung, Zärtlichkeit, was immer. Und wir sind in der verzweifelten Situation, nichts zu haben. Wir sind fertig, müde, ausgebrannt, fühlen uns überfordert. Wer kennt nicht dieses Gefühl. Wir haben nichts mehr zu geben. Und die Bitte, ja die Zuteilung von Zuständigkeit kommt uns vor wie blanker Hohn. Keine Zeit, keine Ideen, keine Kraft. Jesus, nimm das zur Kenntnis. Ich meine, es klingt fürsorglich fordernd, wenn er spricht: Was habt ihr denn? Bemerkenswert, er geht nicht davon aus, dass jemand gar nichts mehr hat. Die Jünger freilich offenbaren sich tatsächlich mit äußerst wenig. Gerade mal fünf Brote und zwei Fische bekommen sie noch zusammen. Tatsächlich zu wenig für so viele, könnte man meinen. Es kommt anders. Früher glaubte ich an so etwas wie ein Sozialwunder. Die Menge könnte die peinliche Situation erkennen und jeder irgendwie noch was Essbares zusammensuchen und siehe, es würde noch etwas übrig bleiben. Aber so war es nicht. Es geschieht viel Entscheidenderes. Es steht geschrieben, dass Jesus das Wenige nimmt und dankt. In anderer Übersetzung steht: Er bittet um den Segen. Dank und Segen für das Wenige. Das ist das Wunder. Wie oft stehen wir vor der Aufgabe. Im Wortsinn: Ich gebe auf. Meine Fähigkeiten sind zu wenig, meine Persönlichkeit ist nicht ausreichend, meine Wertschätzung nicht und auch nicht mein Bewusstsein, dass ich etwas wert wäre. Wie oft fühle ich mich gejagt: keine Zeit, keine Lust, keine Kraft, keine Energie. Ich schaue in die Gesichter und spüre, das haben alle schon erlebt. Eveline lacht in diesem Augenblick nicht. Sie hört gespannt zu. Und ich. Ich mache eine Pause und spreche dann langsam weiter. Ja, das ist ehrlich. Es ist einfach nur eine ehrliche Beschreibung von Realität. Menschen brauchen uns, unsere Arbeit braucht uns, Freunde und Familie brauchen uns oder auch nur der Hund, und wir müssen bekennen: zu wenig. Das ganze Leben könnten wir beschreiben als ein Hinterherlaufen von Verpflichtungen und dem Lebenszeugnis: zu wenig. Das Leben, ein Mankogeschäft. Ich spüre, dass Eveline weinen möchte.

Spürt ihr, sage ich, spürt ihr, was Jesus hier tut. Mit welcher Haltung er unterwegs ist. Spürt ihr es. Er nimmt das Wenige und dankt dafür, bittet um den Segen. Und das ist die Haltung, die wir haben dürfen. Oft ist es eben eine ganz realistische Einschätzung. Das Gefühl: Es ist zu wenig. Aber dann die Haltung, die wir übernehmen dürfen in unseren Alltag. Danke für das Wenige. Danke für die eine Minute Zeit. Danke für den kleinen Gedanken. Danke für den Augenblick Trost. Danke für dich, wie du eben bist. Danke, dass du mir Segen bist und nicht Vorwurf der Unzulänglichkeit. Danke, Eveline, für den einen kleinen Post von heute Morgen auf Instagram: Diese Welt ist so schön. Schau nur mal genauer hin. Ich sehe so viel Verzweiflung um uns herum und gute Argumente, warum Menschen sagen: Es ist mir alles zu viel, und sich für nicht zuständig erklären oder für unfähig oder gelähmt. Und Jesu Antwort: Danke für das Wenige. Und siehe, es bleiben zwölf Körbe übrig.

Wir werden die Wunder üben: Da ist einer gelähmt und kommt nicht mehr auf die Beine. Und kann nicht mehr alleine vorankommen, nicht mehr auf den eigenen Beinen stehen. Da ist jemand blind. Kann nicht mehr sehen, hat keinen Durchblick mehr. Oder taub und kann nicht mehr hören oder wahrnehmen. Alles ist zu laut, zu grell, zu aufdringlich. Und jemand verschließt seine Ohren. Oder einer traut sich nichts mehr zu sagen und wird stumm. Wir werden lernen, Wunder zu tun, jeden Tag neu. Jemandem auf die Beine helfen. Jemandem Durchblick verschaffen. Jemandem ein gutes Wort flüstern und zulassen, dass er seine oder ihre Sprache wiederfindet. Ja, wir müssen uns entscheiden. Lesen wir die Wunder in der Bibel als Geschichten, Jesus anzubeten, ihn gleichsam zu verehren, weil er Großes vollbringen kann. Auch das ist eine Möglichkeit. Oder versuchen wir ihm nachzufolgen und Wunder zu tun, wie er es getan hat. Du kannst es, Eveline, ihr alle. Ihr könnt es. Folget mir nach. Wo kommt es mir vor, ich wäre zu wenig? Dann spürt diesen Worten nach. Danke für das Wenige. Ich sehe in die Gesichter, spüre Erleichterung. Ja, manchmal ist alles zu wenig. Und all zu oft ist es so viel.

Einmal über
Wasser gehen

Wir fuhren hinüber nach Nof Ginnosar nördlich von Tiberias und hatten viel Spaß bei der Frage, wer denn nun gleich übers Wasser gehen würde. C. sei der geeignete Kandidat, sagte J. Ich denke, wir brauchen so einen Petrusmenschen. Einer, der immer vorne dran ist. Das war Petrus damals. Der erste, der Jesus folgte, der erste, der ihn als Sohn des lebendigen Gottes bekennen wird. Der erste, der zum Schwert greift, um Jesus vor der Gefangenschaft im Garten Gethsemane zu bewahren. Der erste, der ihn verraten hat. Der erste Mann, der am Grab nach ihm suchte. Warum also nicht der erste, der Jesus entgegengehen kann übers Wasser. Da ich versprochen habe, dass alle am Ende des Tages alle Wunder beherrschen würden, spielt es aber keine Rolle, wer den ersten Schritt macht. Wir fahren los. Das Schiff ist ein Nachbau der Boote zur Zeit Jesu. Es schwankt ein wenig. Wind kommt auf. Und mir fällt die alte Jona-Geschichte ein, die Jahrhunderte lang schon erzählt wird. Über Jesus wird sie ganz ähnlich erzählt.[34] Beide, so folge ich beiden Geschichten, seien müde geworden – im Rumpf des Schiffes eingeschlafen. Wie gesagt, von einem Schiff ist in beiden Geschichten die Rede. Ein Schiff aber befährt das Mittelmeer und nicht den See Gennesaret.

---

34   Markus 4,35–41.

Erstes Indiz dafür, dass die Geschichten voneinander abgeschrieben sind, wenngleich mit anderem Ausgang. Jona befuhr tatsächlich das Mittelmeer, also mit einem Schiff. Jahrhunderte später landet das Schiff im See Gennesaret, wohl um die gleiche Geschichte auf Jesus zu beziehen. Jona war als Prophet eine anerkannte Persönlichkeit. Jesus sollte es werden. Wie gesagt, beide liegen schlafend im Schiff, als der Sturm losbricht. Die Menschen in den beiden Schiffen schreien vor Angst, befürchten, das Schiff könne sinken und sie ihr Leben verlieren. Da in ihrer Vorstellung der Sturm nur Vernichtung von Gott her bedeuten konnte, sollte in der Geschichte des Jona einer geopfert werden, um Gott zu besänftigen. Die Wahl fällt auf Jona, denn der war ungehorsam vor dem Willen Gottes geflohen. Er wird ins Meer geworfen und der Wind beruhigte sich.[35] Freilich wird er von einem Wal verschlungen und später gerettet. Aber das ist eine andere Geschichte. Jesus, der gebeten wird, etwas zu unternehmen, steht auf und gebietet mit Worten dem Wind Stille und die Wogen glätten sich. Mein Professor nannte es ein Überbietungswunder. Es ging also gar nicht um die Erzählung eines Wunders. Es geht darum, in der Parallelität der Geschichten zu erläutern, wer von beiden, Jona oder Jesus, der Größere war. Natürlich der, der dem Wind allein durch das Wort Einhalt gebieten konnte, und nicht der, der geopfert werden musste. Manchmal genügt schon ein

---

35   Jona 1,4–16.

wenig Geschichtswissen, um ein Wunder zu erzählen und zu verstehen. Manchmal denke ich es mir, wenn bei mir die Stürme aufbrausen. Versuchs mit Worten und nicht mit einem Opfer. Das hilft meistens.

Nun aber zurück zum Gang über das Wasser. Der Gruppe wird es nicht reichen, wenn ich ihnen erzähle, dass dieses Wort vom Übers-Wasser-Gehen gern erzählt wird im Orient und gar nicht einmal über Jesus allein. Wer ein Heroe war, der kann natürlich auch übers Wasser gehen. Literarisch also die Aussage: Bundesverdienstkreuz Erster Klasse. Glückwunsch. Aber schauen wir uns das Wunder einmal genau an: „Seid guten Mutes! Ich bin es. Fürchtet euch nicht! Petrus aber antwortete ihm und sprach: Herr, wenn du es bist, so befiehl mir, auf dem Wasser zu dir zu komen! Er aber sprach: Komm! Und Petrus stieg aus dem Boot und ging auf dem Wasser und kam auf Jesus zu. Als er aber den starken Wind sah, fürchtete er sich; und als er anfing zu sinken, schrie er und sprach: Herr, rette mich! Sogleich aber streckte Jesus die Hand aus, ergriff ihn und spricht zu ihm: Kleingläubiger, warum zweifeltest du? Und als sie in das Boot gestiegen waren, legte sich der Wind."[36] Sturm muss ich nicht übersetzen. Denn stürmische Zeiten kennen wir alle, beruflich wie privat. Irgendetwas schmeißt uns aus der Sicherheit heraus. Anforderungen, Probleme, Ereignisse, Anfeindungen, was immer. Die Trennung einer Beziehung, der Verlust eines Freundes. Es gibt so

---

36 Matthäus 14,27–32.

vieles, was uns in die Stürme ruft. Und Angst ist ein fataler Lebensbegleiter. Menschen in Angst verlieren buchstäblich den Boden unter den Füßen. Und darum geht es. Jesus redet zwar vom Kleinglauben. Wir wissen aber bereits, dass es das Wort im Hebräischen gar nicht gibt. Dort ist von Vertrauen die Rede. Also was lässt uns vertrauen, und was erschüttert Vertrauen? Das ist die Frage. Petrus in der Geschichte führt das Vertrauen auf den Lippen, aber nicht in seinem Herzen. Dahin aber gehört es. Nur wer vertrauen kann, wie ein Kind es noch vermag, wird in den Stürmen des Lebens den Boden unter den Füßen nicht verlieren. Und wenn doch, hält unsere Geschichte nochmals Trost bereit. Es wird dem untergehenden Petrus die Hand gereicht. Und er kann wieder einsteigen ins Boot. Hoffnungsfroher Ausgang einer Bootsfahrt. Wir reden über Vertrauen. Vertrauen hat mit Vertrautheit zu tun. Vielleicht haben wir über die Jahrhunderte zu vieles glauben müssen. Wir sind eine Petruskirche geworden, eine Papstkirche. Voller Hierarchien und einem Machtgefüge, das die Wahrheit bewahren möchte, statt in den Herausforderungen der Wirklichkeit Antwort auf die Fragen der Menschen zu geben. Wir haben zu viel getauft und zu wenig geheilt. Im Leben Jesu ging es nie um Wahrheiten. Denn der Glaube an Wahrheiten hat unweigerlich in einen Wettstreit der Wahrheiten geführt. Dieser Verführung sind wir über Jahrhunderte erlegen. Wir haben uns für Wahrheiten entschieden und damit festgelegt, wer zu uns gehört und wer uns fremd bleiben muss. Wir haben Kriege um Wahrheiten geführt und Menschen getötet im Namen Gottes. Wir haben zum Schwert gegriffen wie einst Petrus und müssen doch wissen, dass Jesus dem Petrus das Schwert verboten hat.

Ja, ich liebe Liturgie bis heute. Sie ist ein heiliges Spiel vor Gott und Balsam für die Seele für jene, die in ihr groß geworden sind. Aber sie ist eine Trennungsfeier für jene, die sie nicht beherrschen. Und manchmal beherrscht sie uns. Wir sind gefangen in einer Feier, die Menschen bis heute voneinander trennt. Schon als Student vor dreißig Jahren habe ich über das Verhältnis der Konfessionen zur Eucharistie und zum Abendmahl nachgedacht. Und schon damals habe ich gewusst, dass es im Grunde um eine Machtfrage der Wahrheiten geht, aber Menschen voneinander trennt. Manchmal frage ich mich, warum die frühe Kirche sich nicht für Maria, die Mutter Jesu, und Maria, jene aus Magdala, als Führungspersönlichkeiten entschieden hat. Ein Machtkampf der Männer, den die Frauen verloren haben. Denn bei beiden Marias wäre es am Ende um eine Entscheidung zum Leben gegangen. Ein Ja zu einem Leben im Namen Gottes und eine Entscheidung für eine Liebesgeschichte zwischen Gott, den Menschen und der Menschen untereinander. Beiden ging es nicht um Macht und Wahrheit. Es ging ums Herz, um Barmherzigkeit und das Heil der Menschen. Ich bin mir sicher: Jesus hätte die erneute Entwicklung zum Priestertum mit all den unseligen Folgen abgelehnt. Wenn überhaupt ein Amt, dann das des Diakons.

Einer oder eine, die sich kümmert um die Armen und Bedürftigen.

Ich möchte Menschen nicht mehr zum Glauben bringen und schon gar nicht möchte ich Menschen sagen, was sie glauben sollen und auch nicht, wie sie es tun sollen. Ich möchte Menschen bei ihrer Menschwerdung begleiten. Und sie spüren lassen, dass einander vertrauen zu dürfen das höchste Gut ist und eine Art zu leben, die uns frei macht von Angst und Furcht. Über Wasser gehen. Dazu gehört Mut und die Stürme des Lebens jagen mir manchmal auch Angst ein. Und manchmal schwindet auch mein Vertrauen. Das sind die Augenblicke, in denen auch ich unterzugehen drohe. Ich habe immer wieder die Hand eines Menschen gefunden, der mich hielt, immer jemanden, der mich wieder aufrichtet. Mir sind Blindheit und Taubheit Erfahrungen, die ich kenne. Aber eben auch Berührung und Nähe, die sie wieder geheilt haben. Über Wasser gehen. Das müssen wir wieder lernen. Und eine Hand zu halten, die uns vor dem Ertrinken rettet. Vertrauen lernen in die Menschlichkeit, die uns zu eigen ist, weil wir Menschen sind.

Das ist nicht so leicht, sagt Eveline. Sie hat eine dunkle Hautfarbe, fühlte sich lange Zeit fremd in unserem Land. Nicht bei ihrer Familie, aber doch in unserem Land. Sich zu öffnen, sagt sie, kostet Überwindung. Die Hand auszustrecken und zuzugeben, dass man am Ertrinken ist, kostet Mut. Und wem soll ich vertrauen? Wessen Hand darf ich halten? Werden mir nicht auch Hände gereicht, die genau in dem Moment, da ich sie ergreifen möchte, mir wieder entzogen werden? Ist das nicht die eigentliche Frage: Wem kann man denn noch vertrauen? Wer meint es ehrlich? Ich versuche es in den Augen zu lesen. Aber Gewissheit gibt es da nicht. Enttäuschungen werden nicht ausbleiben. Und doch möchte ich es nicht verlernen. Meine Hand auszustrecken, wenn ich in Not gerate. Petrus hat es getan. Und Jesus hat ihm seine Hand gereicht. Hier, Eveline, wenn du möchtest, nimm meine Hand. Und du die meine, sagt Eveline. Ich werde es in mein Tagebuch schreiben. Heute schon jemanden gehalten? Festgehalten, aufgerichtet, vor dem Untergehen gerettet? Dann war es ein guter Tag.

Von Räubern und Priestern

In vielen Gleichnissen hat Jesus vom Reich Gottes gesprochen. So viele Bilder hat er bemüht: vom Schatz im Acker, vom Senfkorn, von den Talenten, vom Unkraut und Weizen. Es half nichts. Die Menschen verstanden ihn nicht. Nicht einmal seine eigenen Jünger. Dass das Reich Gottes eine neue Qualität bringt in der Beziehung der Menschen zu Gott. Dass wir Partner Gottes sind. Und dass es eben klein anfängt und wirkt. Meinetwegen wie ein Sauerteig oder ein Senfkorn. Da geschah es, dass er neu auf die Probe gestellt wurde: „Und siehe, ein Gesetzesgelehrter stand auf und versuchte ihn und sprach: Lehrer, was muss ich getan haben, um ewiges Leben zu erben? Er aber sprach zu ihm: Was steht in dem Gesetz geschrieben? Wie liest du? Er aber antwortete und sprach: ‚Du sollst den Herrn, deinen Gott, lieben aus deinem ganzen Herzen und mit deiner ganzen Seele und mit deiner ganzen Kraft und mit deinem ganzen Verstand und deinen Nächsten wie dich selbst.‘ Er sprach aber zu ihm: Du hast recht geantwortet; tu dies, und du wirst leben. Indem er aber sich selbst rechtfertigen wollte, sprach er zu Jesus: Und wer ist mein Nächster? Jesus aber nahm das Wort und sprach: Ein Mensch ging von Jerusalem nach Jericho hinab und fiel unter Räuber, die ihn auch auszogen und ihm Schläge versetzten und weggingen und ihn halb tot liegen ließen. Zufällig aber ging ein Priester jenen Weg hinab; und als er ihn sah, ging er an der entgegengesetzten Seite vorüber. Ebenso aber kam auch ein Levit, der an den Ort gelangte, und er sah ihn und ging an der entgegengesetzten Seite vorüber. Aber ein Samariter, der auf der Reise war, kam zu ihm hin; und als er ihn sah, wurde er innerlich bewegt; und er trat hinzu und verband seine Wunden und goss Öl und Wein darauf; und er setzte ihn auf sein eigenes Tier und führte ihn in eine Herberge und trug Sorge für ihn. Und am folgenden Morgen zog er zwei Denare heraus und gab sie dem Wirt und sprach: Trage Sorge für ihn! Und was du noch dazu verwenden wirst, werde ich dir bezahlen, wenn ich zurückkomme. Was meinst du, wer von diesen dreien der Nächste dessen gewesen ist, der unter die Räuber gefallen war? Er aber sprach: Der die Barmherzigkeit an ihm übte. Jesus aber sprach zu ihm: Geh hin und handle du ebenso!"[37] Vielleicht sind wir hier am Kern angekommen. Die Frage: Wer ist mein Nächster. Diese Frage bestimmt die ganze Welt. Diese Frage hat Schutz gewährt und Kriege ausgelöst. Menschen wurden immer getrennt. Denn die Beantwortung der Frage, wie sie der Pharisäer stellt: Wer ist mein Nächster, beinhaltet immer auch die Frage, wer mein Nächster eben nicht ist. Wer gehört nicht dazu? Wen schließe ich aus? Ich dachte an den Post, den Eveline heute Morgen in Instagram veröffentlicht hat: Alles, was dir passiert, ist eine Einladung zum Wachsen. Ja, ich möchte, dass wir an dieser Geschichte wachsen.

37   Lukas 10,25–37.

Suchen wir Argumente, warum jeder in dieser Geschichte das Richtige gemacht hat. Alles richtig gemacht? Der Räuber, der Priester, der Levit, vielleicht der Samariter, der Wirt, aber alle? Haben alle alles richtig gemacht? Gibt es dafür Begründungen? Je nachdem, welche Perspektive ich wähle, finde ich immer Gründe, warum alles richtig ist. Der Räuber hatte sich vorgenommen, nur zu rauben und nicht zu töten. Alles richtig gemacht! Der Priester musste kultisch rein bleiben für den Dienst am Tempel, der Levit ebenfalls. Die Gebote Gottes untersagen ihnen, Unreines anzufassen. Blut macht unrein. Also, alles richtig gemacht. Dem Samariter waren solche kultischen Vorschriften unbekannt. Er half. Alles richtig gemacht. Der Wirt ebenfalls, der versorgte den unter die Räuber Gekommenen für Geld. Und selbst das Lasttier hatte alles richtig gemacht. Dann suchen wir Argumente, warum hier alle alles falsch gemacht haben. Und wieder finden wir Erklärungen: Der auf dem Weg war, hätte niemals alleine reisen dürfen. Der Räuber handelt unmoralisch. Priester und Levit hätten sich um der Menschlichkeit Willen über das Gesetz der Reinheit hinwegsetzen müssen. Der Samariter hätte sich womöglich nicht um einen Israeliten kümmern dürfen und würde unter Umständen aus seiner eigenen Sippe verstoßen. Und der Wirt? Warum verlangte er Geld für die Versorgung eines fast Totgeschlagenen? Augenscheinlich ist die Frage selbst die Falle: Wer ist mein Nächster? Diese Frage zu beantworten, hat Menschen stets getrennt. Und sie ist topaktuell. Dahinter steht die Frage: Wer gehört zu uns? Zu unserer Sippe, zu unserer Nation, zu unserer Religion. Und in dem Augenblick, da ich sie beantworte, grenze ich Menschen aus. Religionskriege und Kriege zwischen Nationen sind so entstanden, Antisemitismus und Fremdenfeindlichkeit. Alles, was trennt, hat im Hintergrund die Frage beantwortet: Wer ist mein Nächster? Darum beantwortet Jesus diese Frage auch nicht. Er antwortet nicht auf die Frage: Wer ist mein Nächster? Er antwortet auf die Frage: „Was meinst du, wer von diesen dreien der Nächste dessen gewesen ist, der unter die Räuber gefallen war?" Darum geht es! Nicht, wer gehört zu uns, sondern wer braucht wen im Augenblick der Not. Das ist keine nationale Frage, keine kulturelle und auch keine religiöse Frage. Es ist eine zutiefst menschliche Frage. Und darum geht es Jesus. Werden und sind wir Menschen um des Menschseins willen und haben wir den Blick, das Menschliche zu sehen, menschlich zu denken, menschlich zu fühlen und sind wir bereit, menschlich zu handeln? Jesus ging es allein ums Menschsein. Eveline konnte wieder lachen, denn darum geht es ihr immer schon. Es geht ums Menschsein. Der geglaubte Christus und seine Kirche, sie haben wieder getrennt, was Jesus einen wollte: die Menschheit. Menschsein um des Menschseins willen. Das ist das Thema. Liebe und dann tue, was du willst. Augustinus hat es gesagt. Ob er wusste, wie Recht er hatte? Die halbe Nacht hatten wir diskutiert. Eveline wollte sich nicht überzeugen lassen, dass wir selber fähig wären, Wunder zu tun. Das kann nur er, sagte sie und meinte es ernst und mit Ehrfurcht. Schließlich sind wir mit der Vorstellung ja auch groß geworden. Und doch. Ich versuche es zu erzählen, wieder und wieder: „Und er verließ das Gebiet von Tyrus und kam über Sidon an den See von Galiläa, mitten in das Zehnstädtegebiet. Und sie bringen einen Tauben zu ihm, der mit Mühe redete, und bitten ihn, dass er ihm die Hand auflege. Und er nahm ihn von der Volksmenge beiseite, legte seine Finger in seine Ohren und berührte mit Speichel seine Zunge, und er blickte zum Himmel, seufzte und spricht zu ihm: Hefata! Das ist: Werde geöffnet! Und sogleich wurden seine Ohren geöffnet, und die Fessel seiner Zunge wurde gelöst, und er redete richtig. Und er gebot ihnen, dass sie es niemand sagen sollten. Je mehr er es ihnen aber gebot, desto mehr machten sie es über alle Maßen bekannt; und sie gerieten in höchstem Maß außer sich und sprachen: Er hat alles wohlgemacht; er macht sowohl die Tauben hören als auch die Stummen reden."[38] Außerhalb oder innerhalb des israelitischen Volkes. Das hat er, Jesus, in der Zwischenzeit gelernt. Er konnte Wunder tun, wo immer ihm Menschen vertraut haben. Das war auch ein Lernprozess bei ihm, denn anfangs glaubte er, seine Worte und Taten gelten nur seinem Volk. Aber Leid gab es überall und Menschlichkeit ist keine Frage der Abstammung. Ich erzähle es nochmals und immer wieder: Eine Frau in Syro-Phönizien

38   Matthäus 7,31–37.

bettelte geradezu, als Jesus es ablehnte, ihre Tochter zu heilen. Es wird doch vom Tisch des Herrn etwas für die Hunde abfallen. Hunde war ein gängiges Schimpfwort für die Heiden. Schließlich heilt er sie. Seit diesem Tag gibt es keine Grenzen mehr, Leid zu erblicken und Leid zu heilen. Er wird den Diener des römischen Hauptmanns heilen, weil der im vertraut, nicht weil er zum Volke Israel gehört, sondern weil er ihn bittet.[39] Das ist immer Voraussetzung, wie ein Wunder gelingen kann. Es muss gewollt sein. Wunder darf man keinem Menschen aufdrängen. Und gleichsam wie ein Schema des Heils besprechen wir in dieser Nacht, wie es denn gehen könnte. Schau: Da ist ein Mann, der nur mit Mühe reden kann, und Jesus ist gebeten, ihm die Hand aufzulegen. Also einer, der die Sprache verloren hat und kaum mehr in der Lage ist zu hören. Er führt ihn von der Menge weg. Heilung bedarf der Intimität. Niemand soll bloßgestellt werden. Heilung ist eine sehr sensible, äußerst private und oft auch schmerzhafte Angelegenheit. Dass Jesus ihm die Hand auflegt, ist mehr als Zärtlichkeit. Die Hände werden einem Menschen aufgelegt, um ihm seine Würde zu geben, als Zeichen äußerster Wertschätzung seiner Person. Königen wurden die Hände aufgelegt, Propheten und Priestern. Und eben auch jenem Taubstummen. Eveline, das kannst du auch. Eine Frage der Wertschätzung ist eines der größten Wunder, die wir Menschen vollbringen können. Eveline widerspricht nicht, sie

39 Lukas 7,1–10.

hört gebannt zu. Mit Speichel berührt er seine verwundeten Stellen, Die Ohren und den Mund. Das tut er häufig. Das scheint substantiell für gelingende Heilung zu sein. Wann, Eveline, lässt du dich von Spucke berühren. Doch nur im Kuss. Nur wenn Intimität mit Vertrauen und Gefühl der Zuneigung verbunden ist. Jetzt stimmt Eveline zu und lächelt. Das hat sie verstanden. Und nur das gilt es zu verstehen. Heilung gelingt nur im Vertrauen darauf, dass Berührung heilen möchte. Wir lesen vom Blinden, dem der Durchblick genommen war. Und erst durch die Berührung seiner Augen mit Speichel, sehr langsam und nach mehreren Wiederholungen des Vertrauens hat er sein Vermögen zu sehen wieder erlangt. In allen Fällen schickt Jesus die Geheilten weg. Kehre nicht an die Orte zurück, die dich blind, lahm oder taub gemacht haben. Und Eveline, das können wir auch. Menschen Vertrauen schenken, Menschen niemals bloßstellen. Menschen an uns heranlassen und sie spüren lassen, dass es uns wirklich um sie geht. Vertrauen aufbauen, berühren. Und aussprechen, was vielleicht nie erlaubt war: Hefata! Das ist: Werde geöffnet! Oder noch besser: Öffne dich! Du darfst es, du kannst es. So zu sein, wie du eben bist, mit all deinen Taubheiten und blinden Flecken. Und siehe, eine Frau mit einem gekrümmten Rücken saß vor ihm und er, Jesus, legte ihr die Hände auf und sie konnte wieder aufrecht stehen und gehen – Wege, die ihr nie erlaubt waren. Eveline, die schönsten Wunder sind elementar und einfach. Gib den Menschen ihre Würde. In der Art sie zu betrachten. In der Art, sie als Person, Persönlichkeit sein zu lassen. Lass keine Unterdrückung zu und keine Heuchelei. Den Pharisäern befiehlt Jesus, sie sollen aufhören, in der Öffentlichkeit zu beten und ihren Glauben zur Schau zu tragen. Sie mögen gehen und in den Kammern zu Gott zu sprechen. Morgen, Eveline, werde ich dir eine zeigen. Eine kleine Kammer, dort oben in Chorazin, nur wenige Kilometer von Kafarnaum entfernt und Betsaida am Ufer des Sees Gennesaret. Jesus bittet uns, nicht öffentlich zu Gott zu sprechen. Leise sollen wir es tun. Vielleicht weil wir leise ehrlicher sein können. Laute Worte haben den Hang zur Übertreibung. Und wir Menschen stehen immer in Gefahr, eitel zu werden. Schau her, wie gut ich reden kann. Nein, im Gebet darfst du auch stottern und nach Worten suchen. In deinem stillen Kämmerchen und ehrlich.

Die Galiläische Krise

Verflucht sei Chorazin

Wir fahren dorthin. Es geht kurvenreich durch die Hügellandschaft. Mit dem Bus sind es nur wenige Kilometer. Chorazin ist ausgegraben, Basaltsteinhäuser, enge Straßen und Wege. Eine alte Zisterne und ein Haus mit einer kleinen Kammer. Vielleicht für Vorräte. Jedenfalls der hinterste Ort des Hauses. Dort sollt ihr beten. In den Häusern Bögen und Wände in einem Abstand, dass die Steinplatten das Dach bilden können. Und dann: Dieses tief schmerzende Wort Jesu: „Wehe dir, Chorazin! Wehe dir, Betsaida! Denn wenn in Tyrus und Sidon die Wunderwerke geschehen wären, die unter euch geschehen sind, längst hätten sie, in Sack und Asche sitzend, Buße getan. Doch Tyrus und Sidon wird es erträglicher ergehen im Gericht als euch. Und du, Kafarnaum, wirst du etwa bis zum Himmel erhöht werden? Bis zum Hades wirst du hinabgestoßen werden. Wer euch hört, hört mich; und wer euch verwirft, verwirft mich; wer aber mich verwirft, verwirft den, der mich gesandt hat."[40] Gesprochen an diesem Ort Chorazin. Es sind nur wenige Kilometer, die Betsaida von Chorazin und Kafarnaum trennen. Hier hat er gewirkt. Hier hat er geheilt. Hier hat er gelehrt. Und er steckt in der größten Krise seines Lebens. Nur wenige verstehen ihn. Nur wenige begreifen, was er tut. Dass Menschen heil werden, gelingt durch die Art unseres Lebens. Die Art, mit Menschen zu leben, entscheidet über Heil oder Unheil in unserem Leben. Zärtlichkeit und die Fähigkeit, einander zu berühren, sind von Gott geschenkte menschliche Gaben, die zu verschenken an uns liegt. Menschen sind göttlich begabt. Das ist seine Botschaft und wir Menschen sollen endlich aufhören zu glauben, Gott würde wiederkommen und in Ordnung bringen, was wir versäumt haben. Menschen sind begabt, diese Welt und unser Miteinander so zu gestalten, als handele Gott selbst an uns und durch uns. Welch bittere Erkenntnis. Selbst Toten hat er das Leben geschenkt. Für mich beeindruckend schön, wie es geschah bei der Tochter des Jaïrus.[41] Sie war tot. Gestorben als die Tochter des Jaïrus. Das geschieht heute wieder und wieder. Menschen werden betrogen um ihr eigenes Leben. Ihre eigene Person bleibt verborgen hinter Ansprüchen und Erwartungen. Mich hat es berührt, Eveline, wie Jesus sich einfach zu ihr ans Bett setzt und sie anspricht, leise, betörend sanft: Mein

40   Lukas 10,13–16.
41   Lukas 8,40–55.

Kind, spricht er. Er gibt der Tochter des Jaïrus ihren eigenen Namen und entlässt sie aus den Ansprüchen, die sie krank gemacht haben und sterben ließen. Geben wir einander einen Namen, Eveline, und das Vertrauen auf ein eigenes Leben ohne Leistungszwang und überhöhte Erwartungen. Vor allem dürfen wir keine Bedingungen stellen an das Leben. Dann erwachen Menschen aus dem totgesagten Leben. Zu begreifen, zu welch wunderbarer Freiheit wir berufen sind, einander zu berühren und zu heilen. Dies hat Chorazin nicht begriffen, nicht Kafarnaum und auch nicht Betsaida. Und waren ihm doch so nahe.

Eveline schien mir schweigsam zu sein an diesem Abend. Auch ein so guter Mensch wird nicht verstanden, sagt sie. Und verzweifelt. Jesus nahe am Verzweifeln, wütend, fluchend. Darf er das? Ist das der Jesus, den wir uns denken müssen? Ja, Eveline. Jesus war ein Mensch mit allem, was das Menschsein ausmacht. Da gehören der Zweifel dazu, Situationen von Krise und auch der Fluch. Jesus war enttäuscht und zeigte das auch. Es brach aus ihm heraus, die ganze Traurigkeit in ihm, eben nicht verstanden zu werden. Vielleicht ist die Bibel an dieser Stelle besonders menschlich. Es darf auch Krisen geben. Es geht im Leben nicht immer nur geradeaus. Manchmal stürzen wir auch. Auch über die glücklichsten Ideen. Und manchmal tut es auch gut, unserem Unmut freien Lauf zu lassen. Befreiend, auch mal die Fäuste zu ballen und einen Schrei gen Himmel zu lassen über Menschen, die das Glück vor Augen haben und nicht sehen können.

Menschen, die eine Stimme bekommen und nicht reden. Menschen, die das Lied der Liebe vernehmen und nicht lieben können. Und dann darfst du es, auch du, Eveline. Schrei dir den ganzen Frust von der Seele. Lass die Bitterkeit heraus. Und dann nimm deine Kraft zusammen und gehe weiter. Steh auf und gehe weiter.

Donner über dem Golan

Wir fahren auf den Golan. Fruchtbares Land in der Höhe. Basaltstein, Äpfel und Trauben. Panzer aus den letzten Kriegen. Inzwischen annektiertes Land. Bewachtes Land. Umstrittenes Land. Ich höre den Donner der Raketen über diesem Land und verweile einen Augenblick mit der Gruppe in Gamla. Freilich, ohne große Aufmerksamkeit. Mich lässt der Fluch über die Städte am See nicht los. Was haben die Menschen erwartet? Was dürfen sie erwarten? Hier in Gamla kämpften Zeloten gegen die Römer. Menschen, die wie er glaubten, dass das Reich Gottes auf diese Erde kommen werde. Aber sie meinten es politisch. Die Römer aus dem Land zu schmeißen, war ihre Politik. Sie glaubten, Gott unter die Arme greifen zu können, indem sie zum Schwert griffen. Anders die Sadduzäer. Die Priester, die eigentlichen Herren des Landes. Sie meinten, im Tempel und beim Opferkult Gott zu dienen. Die Pharisäer versuchten, die Menschen mit Weisungen Gottes zu heiligen. Als ob Gott durch Opfer und Gesetz zu begegnen wäre. Der Donner erinnert an die Krise im Leben Jesu. Auch das durchzog meine Gedanken. Wie gehe ich mit Krisen um? Kann ich sie wahrnehmen, kann ich sie aussprechen. Und wenn es als Fluch herausbricht wie bei Jesus? Kann ich mich meinen Krisen stellen? Jesus stellte sich. Am Fuße des Berges Hermon.

Eveline möchte über den Frieden reden. Ich habe lange Zeit nicht mehr über den Frieden geredet. Weil ich den Frieden noch nie erlebt habe. Ich kenne meinen Frieden und ich kenne deinen Frieden. Ich kenne Frieden für Völker und ich kenne Frieden der Religionen. Aber wenn ich rede, und so empfinde ich es, über meinen und deinen Frieden, dann rede ich gleichzeitig immer über Krieg und Ausgrenzung. Denn mein Friede kann deinen Krieg bedeuten. Und oft ist der Friede über den Krieg erkauft worden und blieb ein brüchiger Friede. Einzig wir würden aufhören, über deinen und meinen Frieden zu reden, und beginnen, über unseren Frieden zu reden, hätten wir eine Chance. Es ist dieses verdammte Sich-im-Recht-Fühlen, das den Frieden verhindert. Wer sich selber im Recht fühlt, setzt andere ins Unrecht. Wer darf dieses Land besitzen? Wer darf die Gedanken, deinen Glauben leiten? Wer darf so etwas? Niemand darf es. Niemand ist jemandes Besitz. Jesu Krise war, dass niemand seine Hände spüren wollte, seine Gedanken hören, seinen Geist spüren. Er wusste, wie Frieden möglich ist, Eveline. Er würde deine Hand nehmen, dir in die Augen sehen und leise würden seine Worte sein: Du darfst du selber sein. Und ihr, ein jeder von euch, darf sein, wer er ist. Nur eine Grenze gibt es zwischen den Menschen. Berührung darf niemals verletzen. Und nichts ist Besitz. Alles ist anvertraut, geschenkt. Geborgenheit ist ein Geschenk und Freundschaft. Was uns zerstört, ist zu meinen, wir müssten uns das Leben verdienen. Und das Leben würde uns etwas abverlangen: Schönheit, Reichtum, Kinder, was immer. Aber so haben wir diese Welt gemacht. So war sie nie gedacht. Donner über dem Golan. Hier ist immer Krieg. Hier kämpfen Menschen um Wasser und Land, um Macht und Einfluss. Hier geht es um Besitz und Wein. Dabei fragt das Wasser des Jordan nicht nach deinem Glauben, nicht nach deinem Reichtum oder deiner Schwäche, es fragt gar nicht. Wasser ist einfach da, dich zu beleben, deinen Durst zu stillen, dich am Leben zu halten. Das ist Wasser und so ist die Liebe. Sie ist einfach da. Und so wäre es mit dem Frieden. Er wäre einfach da. Wenn wir da wären. Einfach da! Und wir müssten wir selber sein. Einfach Menschen. Dann wäre Friede.

Der Berg, die Unterwelt und der Gottessohn

Überragend. Der Hermon überragt alles, selbst den Golan. Er ist der höchste Berg auf der Grenze zwischen Syrien, Libanon und Israel, fast 3.000 Meter hoch. Im Winter schneebedeckt speist er die Quellen des Jordan. Gut möglich, so die Mythologie, Gott selber habe von hier aus die Schöpfung ins Leben gerufen. Am Fuße des Berges einer der Eingänge in die Unterwelt in der Vorstellung der Antike. Bedeutende Götter finden ihre Tempel und Gedenkstätten an diesem Ort. Der Gott Pan, Gott des Waldes und der Wiesen. Behüter der Herden heißt es. Er wurde verehrt von den Hirten im griechischen Raum. Der Glaube an ihn verbreitet sich aber schnell über den gesamten Mittelmeerraum. Oft taucht er auf zusammen mit Dionysos, Gott des Weines, der Lebensfreude. Beiden sind Gesang, Tanz und Musik Zeichen des überschwänglichen Lebens. Von der Christenheit freilich wurde er dämonisiert und verteufelt. Die Leibfeindlichkeit des Christentums zu überwinden, wäre ein Spiel auf der Panflöte des Lebens wert. Buchstäblich Panik erfasste die Menschen seiner Zeit, wenn sie sich von ihm, Pan, im Stich gelassen fühlten. Am Eingang der Unterwelt steht ein Tempel des Augustus, der Sohn Gottes genannt wurde. Ein gewichtiger Titel. Mit dem Verweis auf den göttlichen Caesar legitimiert Augustus seine Macht. Er, Augustus, als der Sohn des vergöttlichten Caesars verkörpert die politische Macht des römischen Weltreiches zur Zeit Jesu. Gott groß zu denken und mächtig. Das strahlt dieser Ort aus. Ich denke, Jesus hat ihn bewusst gewählt für eine seiner entscheidendsten Augenblicke seines Lebens. Denn seine Geschichte mit Gott führt in eine andere Richtung. Größe und Erhabenheit der Götter, auch des israelitischen Gottes, der machtvoll im Tempel zu Jerusalem residiert und dem dort mit Opfern angsterfüllt begegnet wird, setzt er etwas vollkommen Neues gegenüber: Er nennt ihn, seinen Gott, Abba, geliebter Vater, Papa. Also die zärtlichste und herzlichste Anrede, die von Beziehung und Zuneigung spricht, nicht von Herrschaft und Gehorsam. Allenfalls einem Gehorsam, wie es der hebräischen Sprache entspricht. Dort bedeutet Gehorsam ein sensibles Hinhören auf die Worte Gottes. Gehorsam, wie der Begriff des Glaubens ist im Hebräischen ganz deutlich auf Beziehung ausgerichtet. Auf ein dialogisches Hören und Tun in Beziehung, Zuneigung und Liebe. Die Reduktion auf blinde Gefolgschaft und die Erfüllung der Gesetze und Opferkult, wie sie etwa von Sadduzäern und Pharisäern gefordert wird, lehnt Jesus ab. Gehorsam war ihm, Jesus abverlangt worden in Kafarnaum von seiner Familie. Es steht geschrieben, seine Geschwister und seine Mutter seien nach Kafarnaum gekommen und hätten ihn herausrufen lassen. Er möge nach Hause kommen nach Nazaret, um seinen Platz einzunehmen in der Familie gemäß der Schrift. Doch er lässt ausrichten: Wer sind meine Mutter und meine

Brüder?[42] Es sind die, die er sich gewählt hat und die ihn gewählt haben. Es sind diejenigen, denen es um das Reich Gottes geht. Er bricht mit jeder Tradition, die es verhindert, dass das Reich Gottes lebendig wird unter den Menschen. Auch den Sabbat lässt er um des Sabbats willen nicht gelten. Einen Menschen, dessen Hand verdorrt war, heilt er am Sabbat. Der Sabbat ist für den Menschen da, so seine Botschaft. Und was den Menschen gesund und heil macht, darf auch am Sabbat geschehen.

Und also versammelt er, Jesus, die Seinen um sich an der Quelle des Jordan in Banjas. „Als aber Jesus in die Gegenden von Cäsarea Philippi gekommen war, fragte er seine Jünger und sprach: Was sagen die Menschen, wer der Sohn des Menschen ist? Sie aber sagten: Einige: Johannes der Täufer; andere aber: Elia; und andere wieder: Jeremia oder einer der Propheten. Er spricht zu ihnen: Ihr aber, was sagt ihr, wer ich bin? Simon Petrus aber antwortete und sprach: Du bist der Christus, der Sohn des lebendigen Gottes. Und Jesus antwortete und sprach zu ihm: Glückselig bist du, Simon, Bar Jona; denn Fleisch und Blut haben es dir nicht offenbart, sondern mein Vater, der in den Himmeln ist. Aber auch ich sage dir: Du bist Petrus, und auf diesem Felsen werde ich meine Gemeinde bauen, und des Hades Pforten werden sie nicht überwältigen. Ich werde dir die Schlüssel des Reiches der Himmel geben; und was immer du auf der Erde binden wirst,

---

42   Matthäus 12,46–50.

110

wird in den Himmeln gebunden sein, und was immer du auf der Erde lösen wirst, wird in den Himmeln gelöst sein."[43]

Zunächst richtet sich der Blick auf das Volk und die Bekenntnisse rücken Jesus in die Nähe der Propheten. Und doch bleibt unklar, in welche Richtung die Menschen ihn einordnen. Groß an Bedeutung. Aber die Einzigartigkeit seiner Botschaft und Taten wird schließlich dem Petrus in den Mund gelegt. Du bist der Sohn des lebendigen Gottes. Ausgesprochen am Tempel des Augustus, dem Sohn des toten Gottes Caesar. Nur hier kann man die Botschaft verstehen. Petrus erhebt Jesus über den mächtigsten Mann der Welt, dem Kaiser in Rom. Er, Augustus, mag Sohn sein eines Gottes, der die Welt regiert hat. Jesus aber steht in einer Linie mit dem Gott des Hermon, dem Gott der Schöpfung, dem Gott des Leben spendenden Wassers. Ausgesprochen am Quell des Banjas. Und so erhebt Petrus ihn gleichzeitig über den Gott Pan hinaus. Und keiner, auch nicht die geöffnete Unterwelt, kann ihn überwinden. Und dann spricht er, Jesus, wie es ebenfalls nur in Cäsarea Philippi zu verstehen ist. Petrus, auf diesen Felsen will ich meine Gemeinschaft gründen. Nicht Petrus ist gemeint, der Hermon ist gemeint. Das macht einen gewaltigen Unterschied. Hermon, von dem die Mythen sagen, dass von seinem Gipfel Gott sprach: Es werde Licht und es ward Licht. Also, gib Obacht, Petrus, was du auf Erden bindest. Welche

43   Matthäus 16,13–19.

Macht liegt da in den Händen von Menschen. Aber so ist Gott. So groß ist sein Vertrauen, dass wir tun, was gut ist, weil er gut ist. Abba, geliebter Vater, Papa.

Hier beschreibt die Bibel die große Wende im Leben Jesu, geografisch und biografisch. Und hier an diesem Ort kann man die Dramatik auch nur begreifen. Geografisch sind wir am nördlichsten Punkt seines Wirkens am Heiligen Berg Hermon. Hier sprach einst Gott über diese Welt, die er geschaffen hatte. Licht und Leben, Verantwortung und Liebe. An diesem Ort fanden sich der Aufstieg zum Himmel und der Eingang der Unterwelt. Hier schieden sich die Geister. Hier musste auch Jesus sich entscheiden. Sollte alles, was er empfunden hatte in der Vision seiner Taufe allein ihm gehören und dem kleinen Galiläa. Durfte er das überhaupt. Was einmal für richtig erkannt war, konnte er, wollte er nicht mehr leugnen. Jesus entschied, seiner Vison zu vertrauen. Und also ist folgerichtig auch in seiner Sprache nichts anderes zu finden als das Wort Vertrauen. Was wir heute unter Glaube verstehen, hat damit weithin nichts mehr zu tun. Wir meinen Gehorsam, wenn wir vom Glauben sprechen, oder Wahrheit. Er, Jesus, hat es damals schon so empfunden, dass es bei der Gesetzesfrömmigkeit der Pharisäer nicht bleiben darf. Gott zu dienen, darf nicht Opferdienst bedeuten und die Unterordnung unter die Priester des Tempels. Ob er lebensmüde war, fragst du, Eveline. Nein, ich glaube, er hing am Leben so wie du und ich. Aber er wollte vertrauen. Er konnte nicht leugnen, was er für richtig hielt. Ich glaube, er wollte Gott befreien aus der Gefangenschaft des Tempels. Er wollte ihn befreien und die Menschen. Wo immer sie einem Gott dienten, wollte er sie befreien. Menschlichkeit braucht sich niemand zu verdienen. Menschlichkeit ist ein Geschenk. Manche von uns sind noch der Schlucht entlang des lebendigen Wassers gegangen. Es ist ein schöner Weg, auch ein beschwerlicher. Er ist wunderschön und anstrengend. Eben dem Leben gleich.

Von jetzt an geht es gen Süden. Hinab in die Wüste. Noch einmal Station in Jericho, bis wir die Berge erklimmen nach Jerusalem. Dort wird sich sein Schicksal entscheiden.

Alle Menschen sind ausgestattet mit der gleichen Würde, sagt Eveline. Das habe ich immer gehofft. Jetzt habe ich es verstanden. Ich bin so dankbar für diesen Tag. Danke, dass ich hier sein darf. Nur traurig, dass die Besten sterben müssen, sagt sie und meint ihn, den Menschen Jesus.

Abschied von Tabgha am See an diesem Abend. Die Gruppe ist müde. Ich auch. Aber zu begreifen, wie prägend für Jesus seine Vision ist, wie persönlich und berührend er die Nähe zu Gott empfindet und wie würdevoll er das Leben der Menschen betrachtet, macht diesen Tag so wertvoll. Das kann hart werden, sagt Eveline, zu spüren, wohin einen seine Überzeugungen bringen können. Manchmal eben auch zu einer Auseinandersetzung mit allzu vertrautem Leben. Jesus kannte den Tempel von klein auf. Und ich denke, er hat ihn geliebt wie wir unsere Kirche. Und doch

musste er gegen den Tempel und die Priester vorge-
hen, die hier im Namen Gottes sprachen und lehrten.
Der Gedanke, dass man Gott befreien musste aus der
Gefangenschaft des Tempels, dieser Gedanke gefiel
Eveline. Eveline liebt die Freiheit. Vor allem die Freiheit, so sein zu dürfen, wie sie ist. Dieses Gefühl hat
viele Tränen gekostet. Und es wird noch viele Tränen
kosten und so manche Kreuzigung, bis wir Gott aus
unseren Wahrheiten und Gesetzen in die Wirklichkeit
der Menschen wieder freigeben lernen. Dann aber
wird das Leben ein Gewinn sein; ein Glück, von dem
wir heute träumen, wird dann lebendig. Wenn die
Grenzen fallen, wird Moral zur Leidenschaft und Freiheit zu Geborgenheit. Das wird ein Leben. Wenn wir
lernen, es wieder lernen, dass das Leben ein Geschenk
ist, dann werden wir einander Geschenke Gottes sein.
Vertrauen gehört dazu. Aber das ist ja auch das einzige, was zählt. Vertrauen statt Glaube.

Jesus in Jerusalem

Tränen über Jerusalem

Was ist Jerusalem? Nichts! Alles! Wir kommen aus der Wüste und sehen auf Jerusalem herab vom Skopusberg. Wir müssen aufpassen, dass uns die Stadt jetzt nicht erschlägt. Wir stehen auf dem Berg der Universität von Jerusalem. Wir blicken hinunter ins Kidrontal, das sich nach Südosten wendet und sich im Süden mit dem Hinnomtal vereint, das die Stadt im Westen umläuft. Kaum wahrnehmbar ahnen wir mitten durch die Stadt laufend das Tyropoiontal. In der Antike war es noch einschneidend, heute ist es weitgehend aufgeschüttet. Alt-Jerusalem liegt auf einem Bergrücken zwischen Tälern im Osten und Westen. Die offene Flanke liegt lediglich im Norden. Strategisch ist es beachtlich sicher. Handelsstraßen? Fehlanzeige. Noch heute sichtbar ist der byzantinische Cardo und der Decumanus. Sie teilen sogar noch das mittelalterliche Jerusalem in vier Viertel. Das jüdische, armenische, muslimische und christliche Viertel.

Tatsächlich ist der Tempel von Herodes dem Großen ausgebaut worden. Er war eines der antiken Weltwunder. Er stand auf dem größten künstlich aufgeschütteten und befestigten Platz der Welt. Zum Süden hin von Pfeilern getragen, im Norden der Bergrücken abgetragen, hat Herodes eine Fläche von 315 Meter Breite und 470 Meter Länge entstehen lassen. Auf ihm der Tempel. Alles überragend. Heute sehen wir eine muslimische Moschee. Der Felsendom, der gebaut wurde als Erbin des Tempels. Auf der südlichen Seite des Tempelberges die Al-Aqsa Moschee. Wir wenden uns gen Westen und ahnen mitten in der heutigen Stadt zwei schwarze Kuppeln. Die Auferstehungskirche. Am Horizont der Zionsberg. Heute Sitz der Benediktiner. Historisch der Ort des letzten Abendmahles.

Jeder aus der Gruppe bekommt ein Stück Brot. Das haben wir am ersten Tag so eingeführt, und einen Becher Wein. Das Brot wird geteilt. Jeder schaut hinunter auf die Stadt. Wir werden sehr genau schauen müssen in den kommenden Tagen. Hier ist die Wirkungsgeschichte des geglaubten Christus vorherrschend. Muslimische Glaubensgeschichte ebenfalls, jüdische und armenische allemal. Wir interessieren uns für den historischen Jesus. Seine Orte, seine Wege, seine Gedanken, seine Tränen über die Stadt Jerusalem. Behutsam müssen wir auswählen. Was schauen wir an? Was erzählen wir an diesem Ort? An vielen Orten dieser Stadt. Ich möchte, dass ein Bild entsteht.

Natürlich nur eines unter vielen Bildern. Historisches zu suchen und zu finden, wird sich mischen mit Interpretation. Das tut es immer. Hier besonders. Mir ist wichtig, dass Raum ist für das je eigene Bild. Meines hat sich in dreißig Jahren gebildet. Für viele aus der Gruppe ist es das erste Mal. Wir werden Glaubensgeschichte nicht ausblenden können und doch folgen wir Jesus auf historischen Spuren.

Wir werden den Weg zu Fuß machen. Vom Ölberg aus blicken wir auf die Stadt. Und gegenüber der Tempelberg. Aber wir bleiben gedanklich noch auf dem Ölberg. Hier hat er oft gelagert, Jesus, mit seinen Jüngern. Etliche Male wird er im Laufe seines Lebens hier gewesen sein. Vor dem Passahfest waren Tausende Menschen in der Stadt. Der Garten des Ölberges gehörte zur Stadt. Er wird hier gewesen sein, biblisch und historisch. Wir laufen den steilen Hang hinunter bis auf halber Höhe zum Kidrontal. Es ist so steil, dass ich mich festhalten muss. Das musste ich früher nicht. Wie oft werde ich diesen Weg noch gehen können? Wir haben ihn lange vorbestellt, den Einlass in einen Garten am Ölberg. Er wird uns für eine halbe Stunde geöffnet und wir dürfen allein sein, weg von den Touristen und Pilgern, in einem Garten, der zur Zeit Jesu wohl ganz ähnlich ausgesehen hat. Dort war es, als er spricht: „Jerusalem, Jerusalem, die da tötet die Propheten und steinigt, die zu ihr gesandt sind! Wie oft habe ich deine Kinder versammeln wollen, wie eine Henne ihre Küken versammelt unter ihre Flügel, und ihr habt nicht gewollt!"[44] Wie oft mag er hier gewesen sein, er, Jesus, mit seinen Jüngern? Ich kann es nur ahnen. Und ahne, was es bedeutet, hinüberzuschauen zum Tempel. Nur eine Idee gegen die Macht des Tempels. Nur eine Vision in den Händen eines Menschen. Die wenigen wunderbaren Begegnungen in Galiläa und die Spuren eines Fortschreitens der Geschichte.

Hat er oft geweint, fragte Eveline. Ich weiß es nicht. Was ist oft? In Chorazin, hier am Ölberg, in der Nacht, da er verraten wurde, am Kreuz. Menschen haben um ihn geweint. Damals schon in Galiläa. Ich bin davon überzeugt, an einem Ort wie diesem kommen Erinnerungen. Vielleicht auch die Erinnerung an jene Begegnung im Hause eines Pharisäers in Galiläa: „Es bat ihn aber einer der Pharisäer, dass er mit ihm essen möge; und er ging in das Haus des Pharisäers und legte sich zu Tisch. Und siehe, da war eine Frau in der Stadt, die eine Sünderin war; und als sie erfahren hatte, dass er in dem Haus des Pharisäers zu Tisch lag, brachte sie eine Alabasterflasche mit Salböl, trat von hinten an seine Füße heran, weinte und fing an, seine Füße mit Tränen zu benetzen, und trocknete sie mit den Haaren ihres Hauptes. Dann küsste sie seine Füße und salbte sie mit dem Salböl. Als aber der Pharisäer, der ihn eingeladen hatte, das sah, sprach er bei sich selbst und sagte: Wenn dieser ein Prophet wäre, so würde er erkennen, wer und was für eine Frau das ist,

44 Matthäus 23,37.

die ihn anrührt; denn sie ist eine Sünderin."[45] Menschen suchen Gott in der Nähe Jesu. Eine Frau war fähig, über ihr eigenes Leben zu weinen. Sie sah ihn nicht an vor Scham. Aber es war seine Botschaft: Alle sollten sehen, dass sie ein Mensch war, der es wert war, geliebt zu werden, wenigstens geschätzt, geachtet. Sie zitterte vor Scham und konnte das Gefäß kaum halten. Ein Alabastergefäß trug sie mit wohlriechendem Öl. Damit wollte sie sein Haupt salben. Nur Königen widerfuhr diese Ehre. Und ein König war er, musste er sein. Ein König der Sanftmut. Und nur das wollte sie, ein wenig Vergebung für ein verkauftes Leben. Sie wagte es nicht, ihm von vorn zu begegnen. Sie scheute den direkten Blickkontakt. Sie hatte Angst. War es nur ihre Sehnsucht, die sie zu ihm trieb? Würde er ihr schenken, was sie so sehr erträumt? Und sie weinte bitterlich, als sie die Blicke der Pharisäer auf ihrem Körper spürte. Eiseskälte durchzog den Raum. Verachtung sprachen die Blicke und Zorn, dass sie es gewagt hatte, hier einzutreten. So als würde sie das Haus beflecken all jener, die doch nachts zu ihr kamen. Oh, ihr Heuchler; des Nachts lechzt ihr nach meinen Schenkeln, und jetzt empört ihr euch, weil ich angeblich euer Haus beschmutze. Aber sie hatte zur Wut keine Kraft mehr. Nur die Tränen konnte sie nicht mehr halten. Weinend trat sie von hinten an Jesus heran. Ihre Tränen fielen auf seine Füße. Wie in Trance fiel sie auf ihre Knie und versuchte, die Tränen mit ih-

45   Lukas 7,36–39.

ren Haaren zu trocknen. Eine Frau mit offenen Haaren salbt seine Füße mit Öl. Und er? Unter den Blicken der vielen lässt er diese Berührung zu. Er spürt die innere Zerrissenheit und Erregung, und er ahnt ihre verzweifelte Liebe, ihren Schrei nach Wärme und Nähe, und er spürt, wie in ihren Tränen sich ein Strom einer geschundenen und erschütterten Seele Bahn bricht. So viele Gefühle liegen offen zu Tage. Verzweifelter Schrei nach ein bisschen Nähe paart sich mit dem empört gespielten Erschrecken der doch so moralischen Menschen im Raum. Das waren seine Gedanken. Moral gegen Vergebung. Die Moral wird immer mächtiger sein. Ich denke, das waren seine Gedanken, bevor er weinte über seine Stadt Jerusalem. Die Stadt wird ihn empfangen und die Stadt wird ihn ausspucken wie einen Geschlagenen. Eveline, es sind die moralischen Menschen, die Vergebung nicht zulassen können. Weil sie ganz genau zu wissen glauben, wie wir uns zu benehmen haben. Hüte dich vor den Rechthabern. Die immer wissen, was richtig ist. Sie wissen so wenig vom Menschen. Menschen versagen, Menschen irren, Menschen brauchen die Chance zum Neuanfang. Jeden Tag. Menschen brauchen Menschen, die ihnen Berührung schenken und Vertrauen. Warum hast du eine Erinnerung gewählt an eine Prostituierte, fragt Eveline. Weil sich ein jeder von uns schon prostituiert hat, Eveline. Und weil wir die Gedanken daran in uns herumschleppen. Und keiner traut sich, darüber zu reden. Wir haben uns alle schon verkauft. Wir sind Menschen. Und wir leiden darunter. Jeder Mensch leidet. Und er, Jesus, wollte, dass wir lernen, darüber zu reden. Uns öffnen. Frei werden unter dem Wort des Erbarmens. War Jesus verheiratet, fragte Eveline, ich meine: War er allein? Hat er jemanden gehabt, bei dem auch er Erbarmen erfuhr und Liebe? Ob er verheiratet war, Eveline? Ich weiß es nicht. Dass er ganz besondere Beziehungen gepflegt und gelebt hat, das weiß ich. Petrus gehört dazu. Obwohl er an der Beziehung zu Petrus fast verzweifelt wäre. Ein großer Mann. Ein fehlbarer Mensch. Manchmal zu großen Bekenntnissen bereit, getragen durch Vertrauen, dann wieder zaghaft und zögerlich. Er greift zum Schwert am Tage der Verhaftung und verleugnet den Freund dreimal noch in derselben Nacht. Johannes, von ihm wird berichtet, er sei der Lieblingsjünger Jesu. Am Tag des letzten Abendmahles war er an seiner Seite und unter dem Kreuz. Ja, es gab auch Frauen an seiner Seite. Die Bibel berichtet davon: „Und es geschah danach, dass er nacheinander Städte und Dörfer durchzog, indem er predigte und die gute Botschaft vom Reich Gottes verkündigte; und die Zwölf mit ihm, und einige Frauen, die von bösen Geistern und Krankheiten geheilt worden waren: Maria, genannt Magdalena, von der sieben Dämonen ausgefahren waren, und Johanna, die Frau des Chuza, des Verwalters Herodes, und Susanna und viele andere, die ihnen mit ihrer Habe dienten."[46] Es klingt wie eine kleine Randnotiz. Aber unglaublich, was da

46   Lukas 8,1–3.

historisch steht. Jesus lebte von den Frauen, wohl nicht nur von ihrem Vermögen. Maria Magdalena war wohl stets an seiner Seite. Jüngst hat Papst Franziskus sie zur dreizehnten Apostelin erhoben. Wohl eine späte Wiedergutmachung für Jahrhunderte des Desinteresses an den Frauen im Gefolge Jesu. Es ist eine Schrift gefunden worden aus dem zweiten Jahrhundert. Dort steht, sie seien verheiratet gewesen, Jesus und Maria Magdalena. Eveline schmunzelte. Ich wusste es.

Ganz unten am Berg war in einer Höhle eine alte Ölpresse in den Stein gehauen. Die gab es zur Zeit Jesu schon. Es ist anzunehmen, dass er sich in dieser Höhle getroffen hat mit seinen Jüngern. Sie bot Schutz vor der Sonne und der Kälte der Nacht. Hier habe ihn Judas an die Knechte des Hohepriesters verraten, heißt es. Ich glaube nicht, dass es Verrat war. Vielleicht wollte er seinen Freund Jesus auch nur herausfordern, endlich mächtig zu sein vor den Mächtigen. Ja, in seinen Augen konnte man Gewalt nur mit Gewalt begegnen. Welch schrecklicher Irrtum!

Wir steigen auf der anderen Seite des Tales hoch in Richtung Jerusalem. Der Weg ist nicht weit, aber steil. Wir sehen links von uns die Mauern des Tempelberges, an nordwestlicher Seite. Und vielleicht fünfzig Meter daneben den Bethesda-Teich, der sich zur Zeit Jesu außerhalb der Stadt befand.

Jesus am Teich Bethesda

Im Jahre 1888 werden bei Ausgrabungen in der Nähe der Kirche der heiligen Anna – sie stammt aus Kreuzfahrerzeiten – unweit des Tempelberges die Überreste einer alten Kirche gefunden. Darunter findet sich eine Krypta, deren nördliche Mauer fünfmal durch imitierte Bogen unterteilt war. An der gleichen Mauer sind auch Spuren eines alten Freskos gefunden worden, die einen Engel darstellen, der Wasser in Bewegung bringt. Zweifelsohne waren die Erbauer der Meinung, dass ehemals hier der Teich Bethesda gelegen war.

Weitere Ausgrabungen unterhalb der Krypta zeigen, wie berechtigt diese Vermutung war. Eine Treppe wird bloßgelegt, die zu einem Teich hinabführte, an dessen Nordseite sich fünf offene Hallen befinden, genau unterhalb der fünf aufgezeichneten Bogen an der Nordwand der Krypta. Die Ausgrabungen bringen einen Doppelteich zutage. Sowohl der Nordteich als auch der Südteich ähneln einem Trapez. Die beiden sind durch eine 6,5 Meter breite Mauer voneinander getrennt. Die Teichanlage umfasst insgesamt ca. 5.000 qm. Dieser Doppelteich wird im Norden, Süden, Westen und Osten von einer Säulenhalle umgeben. Eine fünfte Säulenhalle war über einer Trennmauer errichtet. Der Teich war bis zu 13 Meter tief und ist in der Zeit des Herodes des Großen angelegt worden. Bei den Ausgrabungsarbeiten wurden bis zu 25 Meter hohe Schuttschichten abtragen.

Kaum eine biblische Geschichte ist archäologisch so getreu ausgegraben worden wie der Teich Bethesda. Auch etwas Bemerkenswertes über die Haltung Jesu lässt sich ablesen: „Es ist aber in Jerusalem bei dem Schaftor ein Teich, der auf Hebräisch Betesda genannt wird, der fünf Säulenhallen hat. In diesen lag eine Menge Kranker, Blinder, Lahmer, Dürrer. Es war aber ein Mensch dort, der 38 Jahre mit seiner Krankheit behaftet war. Als Jesus diesen daliegen sah und wusste, dass es schon lange Zeit so mit ihm steht, spricht er zu ihm: Willst du gesund werden? Der Kranke antwortete ihm: Herr, ich habe keinen Menschen, dass er mich, wenn das Wasser bewegt worden ist, in den Teich werfe; während ich aber komme, steigt ein anderer vor mir hinab. Jesus spricht zu ihm: Steh auf, nimm dein Bett auf und geh umher! Und sofort wurde der Mensch gesund und nahm sein Bett auf und ging umher. Es war aber an jenem Tag Sabbat. Es sagten nun die Juden zu dem Geheilten: Es ist Sabbat, es ist dir nicht erlaubt, das Bett zu tragen. Er antwortete ihnen: Der mich gesund machte, der sagte zu mir: Nimm dein Bett auf und geh umher."[47] Nur zwei Gedanken. Jesu Begegnung, die für jenen Mann, der schon seit 38 Jahren krank war, zur Gesundung führte, geschieht an einem Sabbat. Ein Tag für Gott, an dem es verboten war, zu arbeiten. Jesus schert dies nicht. Ein Mensch

47 Johannes 5,2–11.

braucht seine Hilfe, und er bekommt sie. Sabbat hin oder her. Für seine Zeitgenossen ein Ärgernis, für uns Aufforderung, die Augen nicht zu verschließen, wenn ein Mensch Hilfe braucht. Möglicherweise, und das ist der zweite Gedanke, auch an Orten, die unseren Vorstellungen von Heilung nicht entsprechen. Denn aus damaliger Perspektive war Bethesda ein Heiligtum des Asklepius.

Ich bin gerne im Garten rund um den Teich Bethesda und auch gerne in der St. Anna Kirche, die hier auf dem Gelände steht, zur Verehrung der Mutter Marias, Anna. Das Bauwerk hat sich bis heute seine ursprüngliche strenge Schönheit bewahrt und ist ein Zeugnis der Baukunst des 12. Jahrhunderts, wahrscheinlich die schönste noch erhaltene romanische Kirche in ganz Jerusalem. Sie hat einen herrlichen Nachhall. Viele kommen her und singen.

Ich komme hierher, um mich zu erinnern. Unter König David, dem großen König Israels und Herr über Jerusalem, gab es keinen Platz für Kranke und Aussätzige. In seiner Vorstellung waren sie unrein und von Gott bestraft. David ließ die Blinden und Lahmen, die Stummen und Tauben, die Aussätzigen einfach umbringen. So kleingeistig war nach biblischer Schilderung der große König David. Wer immer Jesus war: Als Mensch dachte er größer über den Menschen als König David. Es gab keine Krankheit, keinen Menschen, den Jesus verloren gab. Und kein Mensch stand schuldig vor Gott. Einzig bedürftig stehen wir vor Gott und voreinander. Aus Wasser konnte er Wein machen.[48] So einfach. Das geschieht in unseren Gedanken, in der Art und Weise, über den Menschen zu denken. Kostbar wie Wein. Für mich bedeutet es Abschied zu nehmen von David als dem großen König. Für mich ist Jesus der neue David, der neue Mose, der neue Elija. Jesus dachte kostbar über das Leben und den Menschen im Namen Abbas, des geliebten und liebenden Papas. So kostbar, dass jeder Mensch sein darf, wie er ist. Keine Religion darf ihn ändern wollen, keine Macht ihn unterdrücken. Der Mensch ist gut vor Gott, so wie er ist.

48   Johannes 2,1–12.

Der Skandal –
Jesus und der Tempel

Deshalb ist Jesus hier. Er wird sich mit den Priestern des Tempels anlegen. Hier in Jerusalem ist nichts mehr zu spüren von lebendigem Wasser. Hier stinkt der Gottesdienst buchstäblich zum Himmel. Was einst Beziehung war zu Gott und wieder sein soll, ist Kult geworden. Opferkult. Der Tempel war in hoch aufragendem weißem Kalkstein gebaut, so glattpoliert, dass man ihn für Marmor halten konnte. Fünfzig Meter aufragende Demonstration der Macht. Wenn man sich über die 64 Meter breiten Treppen dem Tempel näherte, das Tor zum Tempelberg unterirdisch durchschritten hat, mussten die Pilger sich die Augen zuhalten, so strahlend weiß und blendend schön erstrahlt der Tempel. Blendend, es ist eine einzige Blendung, der Tempel. Die Augen vor das Gesicht und die Nasen zuhalten, denn ekelerregend stank es vom Tempel aus. Tausende von Schlachttieren, Ziegen, Schafen, Ochsen und Tauben wurden geschlachtet und auf dem vier Meter hohen und fünfzehn Quadratmeter messenden Brandopferaltar dargebracht. Überall stank es nach verbranntem Fleisch, das Geschrei der Tiere war jämmerlich und beißend der Gestank. Blut floss in Strömen, weil die Tiere geschächtet wurden. Ihr hättet es sehen, riechen, schmecken müssen, welch großes Blendwerk hier betrieben wurde, sage ich. Ist Gott ein Prahler, dessen Wohnstätte so edel und voller

Prunk von seiner Größe zeugen musste? Und der Mensch darunter so klein, dass selbst die Größten sich niedrig vorkamen angesichts seiner Größe. Vor allem aber, welch grandiose Bestechung lag hier vor. Ist Gott ein Gott, der sich durch Opfergaben milde stimmen ließ? Welches Verbrechen oder Sünde kostet eine Taube, welches eine Ziege und wie viele Ochsen braucht es, um den Mord zu sühnen an deinem Vater? Im Süden befindet sich die königliche Säulenhalle. Ein gigantisches Bauwerk. 162 gewaltige Säulen standen dort. Jede Säule mit einem Umfang von acht Metern und jede fünfzehn Meter hoch. Hier kam der Hohe Rat zusammen. Der Hohepriester allen voran hielt Gericht über das Volk. Hier ward in Stein gehauen, was einst das himmlische Gericht sein würde: mächtig, gewaltig, tödlich. Hier im Bereich des Gerichtes wurden auch die Opfertiere verkauft. Das war nicht nur praktisch für jene, die von weit her pilgerten, es war auch Geschäft, mit Gottesfurcht Geld zu machen. Hier standen die Wechselstuben, hier wurde die Tempelsteuer entrichtet. Der Tempel hatte seine eigene Währung. Beim Umtausch machten die Geldwechsler ihren Gewinn. Die Priester ließen die gewähren, die mit Gott Wucher trieben, denn sie trieben es nicht schlechter mit der Platzsteuer, die sie forderten auf jeden Tisch. An dieser Seite des Tempelplateaus herrschte ständig Lärm. Die Schafe blökten, die Stiere brüllten, die Händler feilschten. Wo also war Gottes heilige Wohnung? Sie befand sich auf dem Plateau unmittelbar hinter dem Brandopferaltar. Fein säuberlich getrennt: Erst kam der Vorhof der Heiden, dann der Vorhof der Frauen, dann derjenige für die Israeliten und die Priester. Auf 140 Quadratmetern wurde eine Welt zelebriert, in der Jesus das Zelt Gottes unter den Menschen gesucht hatte, erhofft, erfleht das Heilige. Und das also waren sie, die heiligen Aufgaben der Priester: Räucherwerk anzünden, Tiere abschlachten und auf Gottes Altar darbringen zur Rettung der Welt. Geräte reinigen, Gebäude instand setzen, Aufsicht führen, Tore bewachen, Tempelschätze mehren und bewachen, Opfertiere bereithalten und sich an ihnen bereichern, Leuchter mit Öl versorgen, Schaubrote backen, die Wasserversorgung sichern, Gewänder herstellen, Lehrer bereitstellen, Opfertiere prüfen. Und wie zum Hohn zog jeden Morgen und Abend einer der Priester das Los und ward auserwählt, den Segen zu sprechen über Gottes Volk: Der Herr segne dich und behüte dich. Der Herr lasse sein Angesicht leuchten über dir und sei dir gnädig; der Herr erhebe sein Angesicht über dich und gebe dir Frieden. Und das Volk antwortete: Gepriesen sei der Gott Israels von Ewigkeit zu Ewigkeit.

Ich habe alles so dramatisch geschildert, weil es dramatisch war. Ich möchte, dass der Ärger und die Botschaft Jesu deutlich zu spüren sind. Und ich lege ihm meine Predigt in den Mund, ihm, Jesus: So billig lasse ich Gott nicht verkaufen. Ihr Priester, Pharisäer und Schriftgelehrten meines Volkes. Ihr steht Gott nur im Wege. Ihr wollt ihn fassen in Gesetzen, die nicht von ihm sind. Ihr knechtet euer Volk unter ein Gesetz, das ihr erfunden habt. Ihr sagt, es steht geschrieben: Die Stätte, die der Herr, euer Gott, erwählen wird, seinen Namen dort wohnen zu lassen, dahin sollt ihr alles bringen, was ich euch gebiete: eure Brandopfertiere und eure Schlachtopfertiere, eure Zehnten und das Handerhebungsopfer und alle eure auserlesenen Gaben, die ihr dem Herrn gelobt habt. Und ich schleudere euch entgegen, wie schon Jeremia zu euch gesprochen hat: Ihr häuft nur Brandopfer und Schlachtopfer und esst Opferfleisch. Ich aber habe euren Vätern, als ich sie aus Ägypten herausführte, davon nichts gesagt und nichts befohlen, was Brandopfer und Schlachtopfer betrifft. Vielmehr gab ich ihnen folgendes Gebot: Hört auf meine Stimme, dann will ich euer Gott sein und ihr sollt mein Volk sein. Ihr habt nicht nur Menschen in eure Abhängigkeit gebracht, ihr Priester, ihr sperrt auch Gott aus den Herzen der Menschen aus. Alles ist euch nur äußerlich. Schuld kann man abwaschen in euren Augen, von Sünde sich freikaufen in eurer Religion. Aber muss Gott vermittelt werden? Ihr steht ihm doch nur im Wege. Opferkult ist Bestechungsreligion. Ich aber sage euch: Niemand verliert sich freiwillig. In tiefer Not suchen Menschen Gott in ihrem verzweifelten Herzen. Ihr habt aus ihrer Angst ein Geschäft gemacht. In eurer Lehre ist Vertrauen käuflich. So aber erreicht ihr die Menschen nicht und der Schatten bleibt auf ihren Seelen wie tonnenschwerer Ballast ihres vertanen Lebens. Doch erst durch gelebtes ehrliches Vertrauen, das bedingungslos von Gott gewährt und vom Menschen empfunden wird, erwächst in ihm die Fähigkeit, zu tun, was in eurer Sprache gut und treu ist. Ausgestoßen bleiben die zurück, die Gott erretten will. Und er betrat den Tempel vom Süden her. Und wie von Sinnen schlug er um sich, warf Tische und Bänke um. Schlug die Händler in die Flucht und das Geld auf den Tischen mischte sich mit dem Blut der Tiere, das rann vom Altar der Sünde.

Eveline schaut ungläubig. So brutal soll es gewesen sein. Ja, so war es. Und ich denke auch historisch: „Und er trat in den Tempel und begann die hinauszutreiben, die im Tempel verkauften und kauften; und die Tische der Wechsler und die Sitze der Taubenverkäufer stieß er um. Und er erlaubte nicht, dass jemand ein Gerät durch den Tempel trug. Und er lehrte und sprach zu ihnen: Steht nicht geschrieben: ‚Mein Haus wird ein Bethaus genannt werden für alle Nationen‘? Ihr aber habt es zu einer ‚Räuberhöhle‘ gemacht. Und der Hohepriester und die Schriftgelehrten hörten es und suchten, wie sie ihn umbringen könnten; sie fürchteten ihn nämlich, denn die ganze Volksmenge geriet außer sich über seine Lehre. Und wenn es Abend wurde, gingen sie zur Stadt hinaus.“[49]

Jesus ist konsequent. Opferkult ist in seinen Augen Bestechungsreligion und hat mit dem barmherzigen Gott nichts mehr zu tun. Meinetwegen gehört es noch in den Bereich von Gerechtigkeit und ein Sich-Rechtfertigen vor Gott. Aber in Jesu Augen bedarf es keiner

49   Lukas 19,15–19.

Rechtfertigung mehr. Das Leben ist Geschenk und bedarf keiner Rechtfertigung vor Gott.

Wir verlassen die Anlage im Norden. Gehen nochmals vorbei am Teich Bethesda und folgen dem schmalen Weg zunächst nochmals bergauf. An der höchsten Stelle dürfen wir uns die Antonia-Festung vorstellen. Sie war erbaut zum Schutz vor einfallenden Feinden vom Norden her. Zur Zeit Jesu war sie eine Garnison der Römer, die von hier aus den Tempelberg gut bewachen konnten. Von hier aus konnte man auf den Tempelplatz herabsehen, ihn zu bewachen war ein leichtes Spiel. Er wird heute noch bewacht. Nur sind es heute Hubschrauber, die über ihm kreisen. Ob der Prozess Jesu hier stattgefunden hat? Zumindest ist es einer der Kandidaten. Im Mittelalter wurde von hier aus die Via Dolorosa angelegt. Erst im Mittelalter hatten die Menschen daran Interesse. Zu Zeiten von Pest, Cholera und Kreuzzügen war ihnen Jesus als Schmerzensmann angenehm solidarisch. Ob die Via Dolorosa historisch ist? Sicherlich nicht. Heute jedenfalls ist sie ein Gedenkweg seines Leidens. Wir folgen ihm bis zum Tyropoiontal. Hier erwartet uns das Österreichische Hospiz. Kässpätzle und Wiener Schnitzel. Kein Witz. Das ist so. Heute gehen wir die Via Dolorosa eigentlich nur noch, um uns zu orientieren in der Stadt durch das christliche Viertel der Stadt hinauf zur Anastasis und beschließen den Tag bei einem Besuch des Museums am Davidturm. Eindrucksvolle Geschichte der Stadt. Von der kleinen Bergzunge, die einst die Davidstadt beherbergte, bis heute.

Das Mahl

Es ist lange her. Jesus wurde gefragt, ob er derjenige sei, der Israel retten werde. Die Erwartungen waren hoch. Gott wird sein Reich errichten noch in dieser Generation. Wie genau? Wann genau? Keiner wusste es. Aber dass er es tun werde, das stand außer Frage. Als Johannes ins Gefängnis geworfen wurde, damals als Jesus gerade getauft und wieder nach Kafarnaum zurückgekehrt war, da fragten ihn die Jünger des Johannes: „Als aber Johannes im Gefängnis die Werke des Christus hörte, sandte er durch seine Jünger und ließ ihm sagen: Bist du der Kommende oder sollen wir auf einen anderen warten? Und Jesus antwortete und sprach zu ihnen: Geht hin und verkündet Johannes, was ihr hört und seht: Blinde werden sehend und Lahme gehen, Aussätzige werden gereinigt und Taube hören und Tote werden auferweckt und Armen wird gute Botschaft verkündigt."[50] Etwas anderes hat Jesus nie gepredigt, nie verkündet und anders hat er nie gehandelt. Durch die Art und Weise, unser Leben zu gestalten, wird das Reich Gottes Einzug halten mitten unter uns. Er war der erste und einzige der damaligen Zeit, der mit der Erwartung, dass sich diese Welt ändern würde, kein einseitiges Eingreifen Gottes mehr meinte. Denn wieder würde etwas mit uns geschehen, mit dieser Erde, aber eben wieder von außen. Aber so

50   Matthäus 11,2–5.

verstand er Gott nicht. Gott ist kein Eingreifer von außen. Er ist Partner der Menschen. Und so wird sich diese Erde verwandeln allein durch die Wandlung im Herzen der Menschen. Die Art, wie sie sich selbst und andere in dieser Schöpfung verstehen und verhalten, wird die Erde zum Guten wandeln oder ihrem Untergang entgegengehen.

Lange Zeit habe ich mich gefragt, woher diese Phänomene kommen, die in der Bibel als blind sein, taub sein, stumm sein, sich lahm fühlen, aussätzig sein beschreibt und wie man Tote erweckt. Sie waren in meiner Erziehung so sehr von Gedanken an Wunder geprägt, dass ich sie lange Zeit nicht wahrgenommen habe als das, was sie sind: Es sind Lebensgefühle von Menschen, wie sie ganz alltäglich vorkommen, und für einen Menschen, so sonderbar das klingen mag, völlig normal sind, weil sie menschlich sind. Und jeder von uns kennt diese Gefühle. Jeder hat sie schon erlebt. Eveline beginnt. Und es ist wie ein selbstverständliches Sammeln von Lebenserfahrungen, die uns jetzt erfassen. Menschen verlieren ihren Durchblick. Menschen fühlen sich blind. Menschen haben hin und wieder ein Brett vor dem Kopf und sind in ihrer Wahrnehmung eingeschränkt, durch Glück oder Trauer. Menschen können ihre Orientierung verlieren, können aus dem Geschrei der Massen die Stimmen nicht mehr zuordnen. Taumeln durch das Leben, ohne zuzuhören. Menschen verlieren ihre Sprache und werden so zu Aussätzigen. Menschen sterben innerlich und beginnen nur noch zu funktionieren, gehen ihrer Arbeit nach aus Gewohnheit, im Trott. Menschen verlieren ihre Fantasie und Kreativität. Und sage mir keiner, ich würde hier schwarzmalen. Das sind Empfindungen eines ganz normalen Menschen, nicht weil er etwas angestellt hätte oder Schuld auf sich laden würde. Es ist Normalität, weil wir Menschen sind. Wir haben nicht immer gleichmäßig Kraft und Energie. Wir sind keine kleinen Roboter, die nur mit Programmen und Energie geladen werden müssen. Wir sind Menschen. Und Menschen sind befähigt, Glück zu empfinden und sich selber zu verlieren. Wie oft war ich schon tot und durfte wieder leben, weil ein anderer Mensch mir die Kraft dazu gab. Wie oft war ich blind und durfte wieder sehen. Wie oft bin ich lahm und brauche jemanden, der mir auf die Beine hilft. Wie oft wurde ich ausgestoßen und brauchte jemanden, der mir wieder Zugang erlaubte. Das alles sind wir. Und erst wenn wir begreifen, wer wir sind, können wir beginnen, uns zu entwickeln und zu reifen. Ganz anders zur Zeit des Königs David. Bei ihm zählten Menschen, die in irgendeiner Form aus der Normalität des Stark-Seins herausfielen, nichts. Blinde, Lahme und Krüppel ließ er umbringen. Und wie oft hat es sich in der Geschichte der Menschen wiederholt, dass allein die Stärke zählt. Und Schwäche zur Ausgrenzung führt. Menschen wurden in ihrer Zugehörigkeit zur Gesellschaft geradezu an ihren Stärken gemessen und jedes Unvermögen brandmarkte sie als von Gott oder den Göttern bestraft. Allein der Blick auf den Menschen, wie er wirklich ist, wird den Menschen wieder gerecht. Menschen sind auf Barmherzigkeit angewiesen und nicht auf Urteil. Vorurteile schon gar nicht. Siehe, das war Jesu Antwort auf die Frage des Johannes. In meiner Nähe werden Menschen eben als Menschen behandelt. Das allein genügt. Und sie bekommen, was sie brauchen. Was sie zum Leben brauchen. In diesen Tagen, ganz sicher in den Tagen, da er die Händler aus dem Tempel vertrieben hatte, wurde das Mahl, das letzte Mahl Jesu mit seinen Jüngern zum Zeichen dessen, was Menschen brauchen. Den Saal gibt es heute noch. Oder besser den Ort, wo früher der Obersaal war. Dargestellt auf dem heutigen Zionsberg. „Vor dem Passahfest aber, als Jesus wusste, dass seine Stunde gekommen war, aus dieser Welt zu dem Vater hinzugehen – da er die Seinen, die in der Welt waren, geliebt hatte, liebte er sie bis ans Ende. Und bei einem Abendessen, (...) steht Jesus – im Bewusstsein, dass der Vater ihm alles in die Hände gegeben und dass er von Gott ausgegangen war und zu Gott hingehe – von dem Abendessen auf und legt die Oberkleider ab; und er nahm ein leinenes Tuch und umgürtete sich. Dann gießt er Wasser in das Waschbecken und fing an, die Füße der Jünger zu waschen und mit dem leinenen Tuch abzutrocknen, mit dem er umgürtet war. (...) Als er nun ihre Füße gewaschen und seine Oberkleider genommen hatte, legte er sich wieder zu Tisch und sprach zu ihnen: Wisst ihr, was ich euch getan habe? Ihr nennt mich Lehrer und Herr, und ihr sagt Recht, denn ich bin es. Wenn nun ich, der Herr und der Lehrer, eure

Füße gewaschen habe, so seid auch ihr schuldig, einander die Füße zu waschen. Denn ich habe euch ein Beispiel gegeben, dass auch ihr tut, wie ich euch getan habe. Wahrlich, wahrlich, ich sage euch: Ein Sklave ist nicht größer als sein Herr, auch ein Gesandter nicht größer als der, der ihn gesandt hat. Wenn ihr dies wisst, glückselig seid ihr, wenn ihr es tut!"[51] Das ist das wahre Abendmahl. Das ist, was Jesus bis heute zu überliefern gedachte. Alles andere gab es schon vor ihm. Das Brot zu teilen gab es. Und Wein zu teilen gab es. Das Passahmahl, das auf ihn hin gedeutet wurde. Und auch in der griechisch-römischen Welt wurde es verstanden. Das eine war Demeter. Demeter ist in der griechischen Mythologie eine Muttergöttin aus dem griechisch-kleinasiatischen Raum. Sie gehört zu den zwölf olympischen Gottheiten und ist zuständig für die Fruchtbarkeit der Erde, des Getreides, der Saat und für die Jahreszeiten. Das Brot als Lebensgrundlage des Menschen und den Jahreskreis auf Jesus hin zu deuten, ist nicht besonders schwierig. Wein ist Dionysos. Und das Symposium des Dionysos umzudeuten auf Jesus, der dem Symposium gleich einer Gruppe von Zwölfen vorstand, hat die Einführung der Eucharistie im ganzen Mittelmeerraum wahrscheinlich enorm beschleunigt und war im Mittelmeerraum geübte Praxis, eben im Namen des Dionysos. Was aber Johannes schreibt, hat wenig Eingang gefunden in unsere Feier des Herrenmahles. Demut, Mut zum

---

51 Johannes 13,1–17.

Dienen. Dass einer dem anderen Diener sei, oder in normale Sprache gebracht, dass wir aufeinander acht-geben sollen auf Augenhöhe, dass ein jeder Mensch das zum Leben bekommt, was er eben braucht, ist weithin in unserer Liturgie vergessen. Und die Art, wie es geschehen soll. Dass Menschen, die über einem ste-hen, andere nicht noch kleiner machen, sondern ganz im Gegenteil. Wer oben steht, trägt eine ganz beson-dere Verantwortung. Dies möchte Jesus unvergessen wissen. Die Einsetzung der Eucharistie ohne Caritas ist nicht denkbar. Und mir genügt es, wenn die Gruppe die Geschichte von der Fußwaschung begreift. An die muss nämlich niemand glauben. Auf diese Art, auf Menschen zu schauen und Menschen zu betrachten und ihnen das zukommen zu lassen, was sie brauchen, darauf kann man sich verständigen und ist damit au-tomatisch ganz in der Nähe Jesu, der gelebt hat und wohl genau so gehandelt hat. Seine Haltung für uns zu erschließen, sind wir hier. Handauflegen und Men-schen die Würde zurückgeben, die sie verloren haben. Menschen berühren an den Stellen, an denen sie Hei-lung brauchen. Und auch wenn wir Lehrer sind oder Vorgesetzte, heißt es, Menschen zu dienen, in unserer ganzen Haltung, das haben wir gefunden, hier wo er gelebt hat, und dort, wo es geschrieben steht.

Der Abend in Gethsemane

Könnt ihr nicht einmal eine Stunde mit mir wachen, sagt Jesus zu seinen Jüngern, als sie sich längst schlafen gelegt hatten und er sie so sehr gebraucht hätte. Auch Jesus brauchte Trost und Rat, Zärtlichkeit und Nähe. Jetzt, da sich die Lage zugespitzt hatte, sowieso. Er wusste, den Tempel anzugreifen, war Hochverrat. Kritik am Tempel, an den Priestern an der Tradition, ja an allem, was Menschen vom Tempel glaubten und von Gott. Und er, Jesus, er fühlte sich einsam: „Und sie kommen an ein Gut mit Namen Gethsemane und er spricht zu seinen Jüngern: Setzt euch hier, bis ich gebetet habe! Und er nimmt den Petrus und Jakobus und Johannes mit sich und fing an, sehr bestürzt und geängstigt zu werden. Und er spricht zu ihnen: Meine Seele ist sehr betrübt, bis zum Tod. Bleibt hier und wacht! Und er ging ein wenig weiter und fiel auf die Erde; und er betete, dass, wenn es möglich sei, die Stunde an ihm vorübergehe. Und er sprach: Abba, Vater, alles ist dir möglich. Nimm diesen Kelch von mir weg! Doch nicht, was ich will, sondern was du willst! Und er kommt und findet sie schlafend, und er spricht zu Petrus: Simon, schläfst du? Konntest du nicht eine Stunde wachen? Wacht und betet, damit ihr nicht in Versuchung kommt! Der Geist zwar ist willig, das Fleisch aber schwach. Und er ging wieder weg, betete und sprach dasselbe Wort. Und als er zurückkam, fand er sie wieder schlafend, denn ihre Augen waren beschwert; und sie wussten nicht, was sie ihm antworten sollten. Und er kommt zum dritten Mal und spricht zu ihnen: So schlaft denn fort und ruht aus! Es ist genug; die Stunde ist gekommen, siehe, der Sohn des Menschen wird in die Hände der Sünder überliefert. Steht auf, lasst uns gehen! Siehe, der mich überliefert, ist nahe."[52] Was mag er gebetet haben, Jesus, in dieser Nacht? Wie mag er empfunden haben? Mir fällt auf, wie in späterer Überlieferung immer wieder Bilder des Isaaks in der Nähe Jesus dargestellt wurden. Isaak, der Sohn des Abraham, der, so die Überlieferung der Bibel, von Gott um ein Brandopfer gebeten wurde. Und Gott habe das Herzlichste von ihm verlangt, was Abraham zu geben hatte, seinen Sohn. Und Isaak hat sich binden lassen von jenem alten Mann, der sein Vater war. Und als Gott sah, dass Abraham ihm gehorsam war, da gebot er dem Vater, den Sohn zu verschonen und ein Lamm zu schlachten, nicht den Sohn. Vielleicht hat Jesus so empfunden. Denn seiner Vision zu folgen, war für Jesus die Entscheidung, gut zugehört zu haben auf das, was er in seinem Herzen von Gott und den Menschen verstanden hatte. Wie konnte er schweigen vor einem Kult, der die Menschen vor Gott Furcht empfinden ließ statt Zuneigung und Erbarmen! Jetzt würde er gebunden werden. Man würde ihn durch die Straßen treiben zur Schlachtbank. Dessen war er sich bewusst. Seine Jünger waren eingeschlafen. Trunken vom Mahl und vom Wein.

---

52 Markus 14,32–42.

Die Gefangenschaft

Ich saß lange allein in Gethsemane unten am Berg. Ich war nochmals in den Garten gegangen, dorthin, wo er, Jesus, die Nacht verbracht hatte. Eveline setzte sich zu mir. Wie konnte es geschehen, dass ein Freund ihn verraten hat, fragte sie. Freunde verraten einander nicht, dürfen einander nicht verraten. Eveline ist noch jung, dachte ich. Ein Kuss hat ihn verraten, Eveline, ein Kuss. Freunde haben Erwartungen, Bilder, Vorstellungen. Die Jünger auch. Ich erinnere mich, wie zwei miteinander sprachen in Galiläa. Es war irgendwo am Wegrand, als sie miteinander sprachen, wer von ihnen zwei wohl die Plätze links und rechts von Jesus belegen würden. Und ich erinnere mich, wie wütend Jesus wurde, als er wahrnahm, worum es den Jüngern ging. Wieder ging es um Macht und Einfluss. Niemand hat das Recht, sich Plätze auszusuchen. Und es geht nicht darum, wer die größte Macht und den größten Einfluss besitzt. Nichts hatten sie verstanden, nichts. Und Judas. Er verriet Jesus durch einen Kuss. Daran sollten die Knechte der Priester ihn erkennen, damit sie ihn festnehmen konnten. Ein Kuss. Ich sitze lange hier und denke, wie sich doch Geschichte immer wiederholt. Jeder konnte im Garten Gethsemane hören, wenn sich Menschen, zumal wenn sie bewaffnet sind und die Stahlklingen einander berührten, aus Jerusalem dem Garten näherten. Auch David saß schon in diesem Garten, als er um Jerusalem kämpfte mit seinem Sohn Abschalom. Auch Abschalom ließ Söldner schicken gegen David. Doch der schlich des Nachts über den Ölberg hinaus in die Wüste, sammelte ein neues Heer und überfiel Jerusalem vom Norden her. Abschalom starb in diesem Kampf. Und so sollte es Jesus machen. Er würde ebenfalls siegen über die Macht der Priester, dessen war sich Judas sicher. Sie müssten sich nur gegenüberstehen. Er müsste zur Macht gezwungen werden. Er, Jesus, würde siegen wie einst König David. Der Kuss wurde zur Geschichte. Menschen haben Erwartungen aneinander und die besten Freunde allemal. Aber was, wenn sich der Freund nicht so verhält, wie ich es als Freund erwarte. Kann ich ihn zwingen? Ihm meine Erwartungen dik tieren? Und sei es mit einem Kuss. Judas ist es nicht gelungen. Jesus ließ sich gefangen nehmen. Er wurde zu den Priestern geführt und angeklagt.

Schweigend gingen wir durch das Kidrontal hinunter zum Teich Siloach. Vorbei an unzähligen Gräbern, die dort angelegt waren, weil die Menschen, die sie errichteten, hofften, am jüngsten Tag bei den Ersten zu sein, die auferstehen würden.

Warum gehen wir diesen Weg, fragt Eveline. Er hat Menschen geheilt am Teich Siloach, sage ich. Ich möchte, dass das in Erinnerung bleibt. Auch in der Erinnerung an diesen Tag, an dem er gefangen genommen wurde. Er hat gelebt, um zu heilen. Und wir liefen ein Stück weit das Tyropoiontal hinauf bis zu dem Ort, der heute St. Peter Gallicantu heißt und damals wohl der Palast des Hohepriesters war. „Petrus aber saß draußen im Hof; und es trat eine Magd zu ihm und sprach: Auch du warst mit Jesus, dem Galiläer. Er aber leugnete vor allen und sprach: Ich weiß nicht, was du sagst. Als er aber in das Torgebäude hinausgegangen war, sah ihn eine andere; und sie spricht zu denen, die dort waren: Auch dieser war mit Jesus, dem Nazoräer. Und wieder leugnete er mit einem Eid: Ich kenne den Menschen nicht! Kurz nachher aber traten die Umstehenden herbei und sprachen zu Petrus: Wahrhaftig, auch du bist einer von ihnen, denn auch deine Sprache verrät dich. Da fing er an, sich zu verwünschen und zu schwören: Ich kenne den Menschen nicht! Und gleich darauf krähte der Hahn. Und Petrus gedachte des Wortes Jesu, der gesagt hatte: Ehe der Hahn kräht, wirst du mich dreimal verleugnen. Und er ging hinaus und weinte bitterlich."[53] Das ist geschehen. Sie sind alle davongelaufen, die Freunde, die Jünger. Im Augenblick der Festnahme bricht alles zusammen. Alles Erleben von Freundschaft und Nähe weicht der Gewalt. Angstvoll der große Petrus. Er wagt nicht einmal mehr zu sagen, dass er ihn, Jesus, überhaupt kennt. Auch das gehört zum Menschsein. Das Scheitern der Freundschaft immer dann, wenn Gefahr aufleuchtet und Angst die Herzen der Menschen beherrscht. Auf ihm wollte Jesus seine Gemeinschaft gründen, ihm bot er die Schlüssel des Himmels an. Bittere Tränen weint Petrus, als er spürt, wie wenig Kraft er hat, dem Freund zu folgen.

---

53   Matthäus 26,69–75.

Gekreuzigt, begraben und verraten

Die Priester hätten Jesus selbst verurteilen können. Die Macht hatten sie. Aber sie fürchteten das Volk und zogen es vor, Pilatus das Urteil fällen zu lassen. Ein politischer Prozess. Die Macht hatte längst gewonnen. Jesu Verrat am Tempel war niedergeschmettert, die Kritik am Tempel erstickt. König der Judäer? Darum ging es im Prozess bei Pilatus, dem Statthalter Roms. Darum ging es Jesus nie. Was ist Wahrheit? Immer das, was wir aus den Wirklichkeiten machen, die uns widerfahren. Es ist nicht wichtig, welchen Weg Jesus ans Kreuz ging. Es ist nicht entscheidend, an welchem Ort er verurteilt wird. Wir haben die Orte besucht. Grabeskirche, Anastasis, Palast des Herodes, die Klagemauer.

Sein Tod war nicht einmal bedeutend. Kreuzigung war wie eine Hinrichtung im Vorübergehen. Tausende fanden so ihren Tod. Der Querbalken auf seinem Rücken. An den Handwurzeln angenagelt am Balken, der nur noch auf einem Hügel aufgespannt wurde wie tausendfach vor und nach ihm. Golgota ist heute ein Teil der Grabeskirche, damals war es ein alter Steinbruch außerhalb, aber in der Nähe der Stadt. Ein letzter Aufschrei: „Aber von der sechsten Stunde an kam eine Finsternis über das ganze Land bis zur neunten Stunde; um die neunte Stunde aber schrie Jesus mit lauter Stimme auf und sagte: Elí, Elí, lemá sabachtháni?

Das heißt: Mein Gott, mein Gott, warum hast du mich verlassen? Als aber einige von den Umstehenden es hörten, sagten sie: Der ruft den Elija. Und sogleich lief einer von ihnen und nahm einen Schwamm, füllte ihn mit Essig und steckte ihn auf ein Rohr und gab ihm zu trinken. Die Übrigen aber sagten: Halt, lasst uns sehen, ob Elija kommt, ihn zu retten! Jesus aber schrie wieder mit lauter Stimme und gab den Geist auf."[54]

Gottverlassenheit. Das hat er empfunden in seinem letzten Augenblick. Von den Freunden verlassen, von Gott verlassen. Vielleicht hat er daran geglaubt, gehofft, vergeblich: Gott möge eingreifen wie einst bei Abraham, als er den Sohn Isaak verschonte. Gott hat nichts gemacht. Auch ich habe meinen Ort für meine Tränen. Irgendwo tief unten in der Grabeskirche. Wann immer ich die Grabeskirche betrete, lege ich meine rechte Hand auf die Felssäule des Eingangs und flüstere, ich bin da. Ich bin Ritter vom Heiligen Grab zu Jerusalem. Ein einsamer Titel. Mir ist es wichtig, hier zu sein. Am Ort der Tränen zerbrochenen Lebens. Hier wird er begraben. Jesus gesalbt und begraben. Und hier beginnt erneut die Geschichte des Verrates. Wer wird ihm folgen? Welche Gedanken setzen sich durch? Was wird aus seiner Gemeinschaft? Was werden die Freunde machen aus seiner Botschaft, seinem Leben? Schon die Bibel kennt den Streit über die Deutungshoheit. Petrus oder Maria, die aus Magdala. Wer wird sich durchsetzen? Der Bruder Jesu, Jakobus,

---

54   Matthäus 27,45–50.

seine Mutter, die auf einmal wieder auftauchen in der Gemeinde? Für uns als Gruppe spielt es keine Rolle. Wir haben den Menschen Jesus gesucht und wir haben ihn gefunden. Ein wenig in Betlehem, sicher in Nazaret, in Sepphoris. Wir haben ihn erlebt in seiner Stadt Kafarnaum, hörten seine Botschaft, spürten seine Wunder, hatten Teil an seiner Vision, ein Himmel ohne Gericht. Wir haben Freundschaft erlebt. Und Eveline hat geweint in der Grabeskirche.

Emmaus

Ich will dir folgen

Noch am Abend haben wir erklärt, wie das Ausreisen aus Israel geht. Das Land hat Angst vor terroristischen Anschlägen. Doch kein Terrorist reist heute selbst mit dem Flugzeug. Also soll die Gruppe bitte von niemandem etwas annehmen und in den Koffer packen. Ein mulmiges Gefühl. Die Koffer bitte auf dem Zimmer lassen, selber packen und erst zum Bus bringen, wenn wir einsteigen. Das letzte Frühstück. Der Flug geht um 16.45 Uhr. Wir besuchen die Himmelfahrtskirche auf dem Weg, Jerusalem zu verlassen. Es ist ein ganz erlesener, eindrucksvoller Ort. Es ist kein historischer Ort, aber ein wichtiger. Kaiser Wilhelm II. hat ihn bauen lassen. Für mich bedeutend. Hier entstanden Anfang des 20. Jahrhunderts beinahe zeitglich ein Krankenhaus und eine Kirche. Viel begriffen! Liturgie steht neben der Caritas gleichwertig. Vom Turm der Kirche sieht man wie mit dem Lineal geschnitten die Trennungslinie zwischen Kulturland und Wüste. Wir sind dort, wo wir mit Jerusalem gestartet sind, auf dem Ölberg.

Kaiser Wilhelm II. hatte ein ganz bestimmtes Bild von sich in der Geschichte. Er wollte der zweite Konstantin sein. Jesus sollte der zweite Mose sein, der zweite David. Doch ich finde, er war einmalig. Er war er. Kaiser Wilhelm aber hatte ein ganz bestimmtes Bild von Jesus. In der Kuppel der Kirche wurde Jesus gemalt als Weltenherrscher in einem Kreuzfahrergewand. So verstand ihn Wilhelm. Und so verstand er sich selber: als Herrscher und Kreuzfahrer für den Glauben. Ich glaube, dass auch dies eine Normalität ist. Jeder sucht seinen Platz in der Geschichte. Auch wir müssen uns entscheiden. Nicht für die große Frage: Wer war Jesus? Ich glaube, dass diese Frage überfordert. Diese Frage überfordert ja schon im Kleinen. Wer ist Philipp, wer ist Michael, wer ist Eveline? Die Frage können wir kaum für uns selber beantworten, geschweige denn für Jesus. Aber wer ist Philipp für mich, wer ist Eveline für mich? Dieser Frage kann ich nachgehen und finde Antworten, weil wir gemeinsam Erfahrungen gemacht haben. Wir haben uns Einblicke gewährt in unsere Fragen und Antworten. Ein wenig Zeit haben wir in biblischer Landschaft verbracht und uns mit biblischen Geschichten beschäftigt. Wir haben uns ein wenig der Person Jesu genähert. Und so ist alles ein Teil unserer Geschichte geworden. So dürfen wir jetzt fragen: Wer war Jesus gestern für mich, wer ist er heute für mich? Eveline spricht es aus: Jetzt kann ich ihm folgen und ich muss nicht mehr irgendwas glauben. Ich habe Bilder von ihm, wie er als Mensch war. Und diese Bilder hat man uns bislang verweigert, sagt Eveline. Ich persönlich glaube gar nicht, dass man uns die Bilder vorenthalten hat. Ich glaube, dass der menschliche Jesus die Kirchen einfach nie interessiert hat. Es war immer wichtig der geglaubte Christus, mit dem heute so wenige Menschen etwas anfangen können, weil er den Blick darauf verstellt, dass er einmal gelebt hat. Was interessiert mich der Himmel? Der übersteigt meine menschlichen Möglichkeiten. Nur, dass ich dazugehöre, das hat Jesus versprochen, nicht wie er sein wird. Aber wie wir sein werden hier und wie er war, als er gelebt hat, daran kann ich mich ausrichten und das haben wir getan. Wir haben uns für einen Menschen entschieden. Ob wir ihn in seiner Gänze getroffen haben? Wohl kaum. Das ist nach so vielen Jahren auch gar nicht möglich. Aber wir haben doch Spuren gefunden, menschliche. Und wir trauen uns zu sagen, dass das als Entscheidungsgrundlage durchaus genügt. Mensch werden wie er eigene Entscheidungen treffen. Auf Menschen zugehen, ihnen menschlich zu begegnen. Das ist schon viel. Eveline hat gepostet: Es ist, wie es ist. Aber es wird, was du daraus machst! Und darauf kommt es an.

Jesus hat es zu seiner Zeit nicht geschafft, seine Gedanken über die Herzen einiger weniger Menschen hinaus auch in irgendwelche Strukturen zu überführen. Vielleicht hat Jesus gedacht, dass das Reich Gottes, an dem jeder Mensch Teil hat, viel schneller kommen wird und es deshalb keine Strukturen braucht. Vielleicht dachte er auch, dass es genügen wird, wenn

Menschen seine Botschaft im Herzen lebendig halten und ins Leben hineintragen. Falls er das gedacht hat, dann war es ein Irrtum. Denn Strukturen sind mächtig. Wir haben in unserer Stiftung – und ich glaube das geht uns wie der Kirche – keine Strukturen für Barmherzigkeit. Unsere Kirche ist eine verbeamtete Kirche und wir sind ein Unternehmen. Beides läuft Gefahr, dass wir über Barmherzigkeit reden, sie aber im schlimmsten Fall nur als Leitwort oder als Vision feierlich im Internet begraben. Jesus war ein charismatischer Mensch, der vom Leben, von Gott, von den Menschen begeistert war, und sein Leben stand für Heilung und Entscheidung. Eine Entscheidung für den Menschen und gegen den Opfer- und Gesetzeskult des Tempels. Entscheiden wir uns für seine Haltung zum Menschen, werden auch wir anecken an den Strukturen von Kirche und Stiftung. Aber dann ist das so. Und ich möchte es so, bedingungslos menschlich. Seid mutig und fordert Barmherzigkeit ein, auch dort, wo es Strukturen nicht vorsehen.

Abu Gosch –
Emmaus ist möglich

Auf halbem Weg zwischen Jerusalem und Tel Aviv liegt Abu Gosch. Einer von drei möglichen Kandidaten für das biblische Emmaus. Genau wissen wir es nicht. Aber hier könnte es gewesen sein. Von Abu Gosch aus soll Richard Löwenherz erstmals Jerusalem erblickt haben. Die Kreuzfahrer definierten Abu Gosch als den biblischen Ort Emmaus und erbauten hier die heute noch bestehende und genutzte Auferstehungskirche. Die im Lukasevangelium[55] angegebene Entfernung zu Jerusalem stimmt hier ziemlich genau, allerdings trug der Ort in der fraglichen Zeit nie den Namen Emmaus. Heute besuchen wir den Klostergarten. Unzählige bunter Pflanzen und Blumen wachsen hier. Es ist ein Fest für die Augen und die Sinne. Eine solche Farbenpracht haben wir auf der ganzen Reise nicht gesehen. Ich weiß, dass man im Klosterladen die Samen kaufen kann, und bitte S., welche zu besorgen. Für jeden aus der Gruppe ein kleines Tütchen mit Samen. Im Garten erzähle ich die Geschichte. Zwei Jünger auf der Flucht vor dem erlebten Tod. Der Freund gestorben, die Augen und das Herz verschlossen. Trauer und Angst. Das waren die Gefühle der Freunde auf dem Weg nach Emmaus. Es brachte ihnen keine Erleichterung, dass auf dem Weg

---

55 Lukas 24,13–35.

jemand zu ihnen stieß, der versuchte, ihnen die Lehren und Ereignisse nochmals vor Augen zu führen. Worte helfen wenig im Angesicht der Trauer. Erst am Abend tat er, was beiden das Herz wieder brennen ließ. Er brach Brot mit ihnen. Er teilte ein Stück Leben und es wurde ihnen lebendig, was sie für tot hielten. Gemeinschaft mit dem Verlorenen. Ich habe die Gruppe am ersten Tag gebeten, niemals Brot allein zu essen. Und sie hat es gemacht. Unzählige Male, bei jeder Mahlzeit haben wir Brot gebrochen und geteilt. Kein einziges Mal aß jemand in der Gruppe alleine. Wenn das bleibt, wird es sein wie mit den wenigen Samen, die ich nun austeile. Samen der Blumen aus dem Garten in Abu Gosch. Wie jede und jeder Einzelne von uns. Ein wertvoller Mensch im Garten Gottes. Wir kehrten ein, aßen zum letzten Mal wunderbares Humus, bis wir uns aufmachten zum Flugplatz. Koffercheck, Passkontrolle, Handgepäck-Check. 16.45 Uhr Abflug. Nächstes Jahr in Jerusalem. So verabschiedet man sich von hier. Also: Nächstes Jahr in Jerusalem.

Epilog

Es ist eigentlich nicht schwer zu verstehen. Es ist ein Mensch geboren worden, ein Kind. Viele sagen, in Betlehem. Das mag sein. Aufgewachsen ist er in Nazaret. Er wurde getauft am Jordan. Gelebt hat er seine öffentlichen Jahre in Kafarnaum, in Chorazin und Betsaida am See Gennesaret. Vorausgegangen war mehr als eine Prophezeiung. Ein Volk hatte Veränderung erwartet. Und diese Veränderung sollte von Gott kommen. Endzeitstimmung in Israel. Viele Völker. Multi-Kulti. Das war Palästina zur Zeit Jesu. Landbrücke dreier Kontinente: Europa, Afrika, Asien. Wer dieses Land besaß, der herrschte über eine Gelddruckmaschine: Handelswege und Zollstationen. Als Jesus geboren wurde, gab es schon einen Sohn Gottes. Es war Augustus, der Kaiser in Rom. Erwartet wurde sehr Unterschiedliches. Ein Messias. Aber welcher? Einer, der mit Macht das Land befreit von jeder Fremdherrschaft? Ein König, der die Könige seiner Zeit besiegen würde? Ein Gott gegen alle Götter oder doch ein Gott unter Vielen? Auferstehung der Toten war umstritten. Rom war umstritten. Die Priester im Tempel waren es auch. Die beliebtesten Männer im Volk Israel (das es in der Form, wie wir es uns denken, gar nicht gab): Mose, der einzige, der Gott je gesehen hat. Elija, der als einziger mit Leib und Seele in den Himmel aufgefahren war. Die beliebteste Frau: Deborah, Richterin und Prophetin. Die beliebtesten Götter: Dionysos, der für Leidenschaft und Wein stand. Oder Demeter, Göttin des Brotes. Oder doch Mars und Jupiter. Der Gott Jahwe im Tempel zu Jerusalem war es mit Sicherheit nicht. Der war nur ein kleiner Regionalgott. Hätte Herodes der Große ihm keinen so bedeutenden Tempel gebaut, wäre er im Weltgeschehen gar nicht aufgefallen. Mit Sicherheit hat Jesus an ihn geglaubt. Aber wie man an ihn glauben soll, war ebenfalls reich umstritten. Genügt es, seine 613 Gesetze zu befolgen? Oder braucht es den Opferkult am Tempel, um ihn zu beschwichtigen? Sind es die Priester, ist es der Hohepriester, denen es zu folgen gilt? Sadduzäer, Pharisäer, Essener: Wer wusste die Wahrheit? Keiner wusste sie. Jeder behauptete sie. Es hat sich nichts verändert.

Jesus hat sich verändert im Laufe seines Lebens. Vom kleinen Kind zum neugierigen Jugendlichen, der von zuhause wegläuft, um im Tempel zu diskutieren. Vom schweigsamen Handwerker, von dem wir fast dreißig Jahre lang nichts hören, zum feurigen Verfechter einer neuen Idee. Erst für Israel, dann in seinen Gedanken und Werken für die ganze Welt. Er hat sich entwickelt vom gläubigen Israeliten, mit leichter Nähe zu Dionysos, zum Gegner reiner Gesetzesfrömmigkeit und des Opferkultes. Für uns entscheidend bis heute. Was war neu geworden? Jesus ist der Mensch, der gelernt hat, über die Grenzen von Familie, Stamm und Völker, Kulturen und Religion hinauszudenken und einen kleinen Regionalgott zum Gott aller Menschen zu machen. Und entgegen den Gepflogenheiten seiner Zeit dachte er ihn sich ohne Gesetzesfrömmigkeit und ohne die Notwendigkeit, ihm zu opfern. Er nannte ihn Abba, geliebter Papa. Herzlicher kann man sich das Verhältnis zu einem Gott nicht denken. Und er lernte die Menschen zu lieben. Auch das war ein Prozess. Mit der syrophönizischen Frau fing es an und ging weiter mit dem römischen Hauptmann in Kafarnaum, seinem Knecht und der Frau aus Samaria. Sie alle stehen stellvertretend für eine ganze Weltgemeinschaft, die er auf das Ursprünglichste zurückführte, was diese Menschheit auch als einziges vereinen kann. Es ist die reine Menschlichkeit im Namen eines gemeinsamen und barmherzigen Anfangs und Ursprungs: Abba, geliebter Vater. Es war eine Lebensentscheidung, die in ihm reifte. Und verstanden hat er sie erst als Erwachsener bei seiner Taufe am Jordan: Der Himmel steht offen für alle. Und am Ende unserer Tage erwartet uns der Vater wie im Gleichnis des barmherzigen Vaters, mit offenen Armen uns heimzuholen in das Reich Gottes, in dem wir schon leben konnten hier auf Erden, je nach unserer Entscheidung, daran teilhaben zu wollen.

Er, Jesus, konnte sich mit Ausgrenzung und Leid der Menschen, die ihm begegnet sind, nicht mehr abfinden und lehrte seine Jünger, es ihm gleichzutun. Er setzte auf Jüngerschaft. Nachfolge wurde zum Schlüssel der Weitergabe dieses Glaubens an eine Menschheit, die nicht ausgeliefert ist, weder den Mächtigen noch den Göttern. Er setzte auf Menschen, die sich für Menschen entscheiden. Und das hatte Wirkung: Blinden das Augenlicht, Lahmen den aufrechten Gang,

Tauben gute Worte und Stummen eine Stimme, die von Herzen kommt. All dies, diese Gedanken und die Art zu handeln, gingen von einem Menschen aus. Jenem, der in Betlehem geboren sein mag und sicher in Nazaret aufgewachsen ist. Jener, der in Kafarnaum gelebt hat, in Chorazin und Betsaida am See Gennesaret. In Cäsarea Philippi, an den Quellen des Jordan, hat er entschieden, für diese Gedanken sein Leben zu geben. Denn er wusste, für die Freiheit der Menschen sich einzusetzen, heißt zu kämpfen gegen alle, die sie besitzen wollten. Menschlich konnte er diesen Kampf nicht gewinnen. Und also starb er am Kreuz. Ein doppelter Prozess machte es möglich. Erst ein judäischer, dann ein römischer Prozess.

Nach 2.000 Jahren wird es Zeit, das Original wieder anzuschauen. Jesu Leben. Seine Menschwerdung, seine Botschaft, sein Handeln. Seine Vorstellung von Gott hat es in seinem Leben erst möglich gemacht, barmherzig über die Menschen zu denken und sich ihrer zu erbarmen. Ob er Gottes Sohn war? Ja, er war der Sohn des lebendigen Gottes. Wie wir Töchter und Söhne des lebendigen Gottes sein dürfen. Ob wir Wunder tun können? Kommt und seht. Sie geschehen jeden Tag. Menschen werden einander berührbar, können verzeihen, vergeben, lieben und leben. Und manche schaffen es über die Grenzen von Nationalität, Kultur und Religion hinaus, wie er damals. Wunder, die unsere Menschheit so bitter nötig hat. Es ist einmal geschehen. Es kann wieder geschehen. Heute. Wir müssen ihn nur endlich runterlassen vom Thron, auf den wir ihn gesetzt haben zur Rechten Gottes des Vaters, der doch Abba sein will, geliebter Papa. Und er wird nicht Erlöser der Welt sein, sondern Freund und Bruder, zur Erlösung der Welt. Er wurde geboren, damals, mag sein in Betlehem. Ich bin in Biberach geboren. Eveline in Sri Lanka, aufgewachsen in Mochenwangen. Das ist nicht entscheidend. Wichtig ist, ob wir zu unserem Leben finden. Wie er, Jesus, zu seinem fand. Ein Mensch und ein Leben, dem ich folgen möchte. Nachfolge. Das ist es.

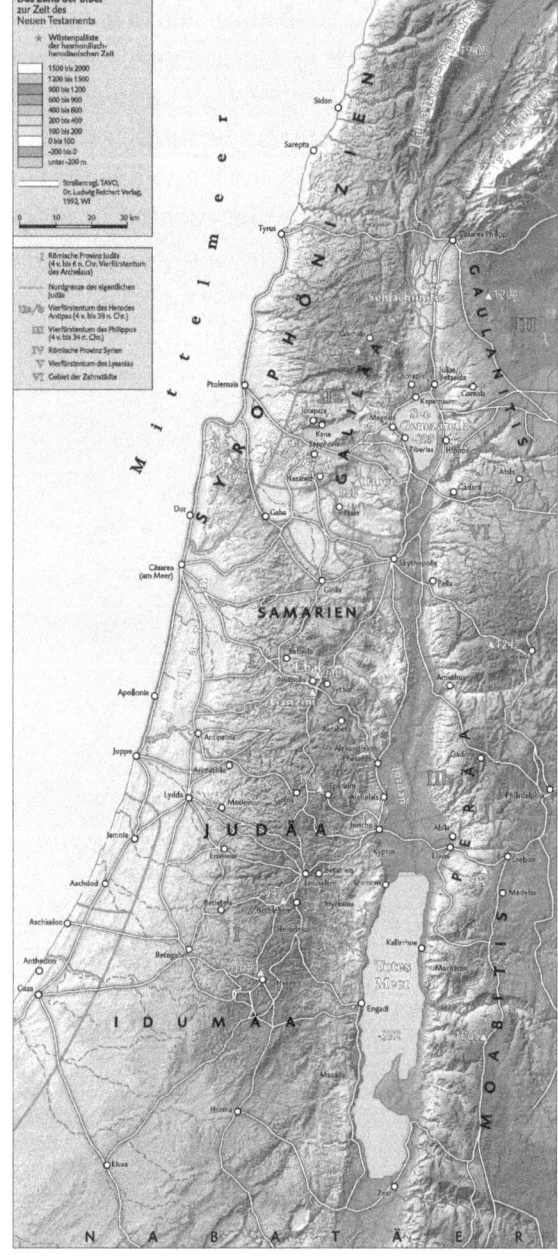

Mittelmeer

S Y R O P H Ö N I Z I E N

Sidon

Sarepta

Tyrus

Caesarea Philippi

G A U L A N I T I S

G A L I L Ä A

See
GENEZARETH

Ptolemais

Nazareth

Dor

Gaba

Caesarea
(am Meer)

S A M A R I E N

Skythopolis

Apollonie

Antipatris

Joppe

Lydda

Modein

Jemnia

J U D Ä A

P E R Ä A

Emmaus

Aschdod

Aschkelon

Betogabris

Anthedon

Gaza

Totes
Meer

Kallirhoe

Machärus

I D U M Ä A

Engedi

Masada

Hanna

Elusa

N A B A T Ä E R

M O A B I T I S

Der Autor

Prälat Michael H. F. Brock, geboren 1961, ist Vorstand der Stiftung Liebenau, einem der größten Sozial-, Bildungs- und Gesundheitsunternehmen in Süddeutschland.

Er ist bekannt durch zahlreiche Veröffentlichungen. Zuletzt erschienen von ihm: „Das Vermächtnis. Begegnungen mit Jesus", „Gemüsesuppe zum Kaffee. Geschichten aus Liebenau" und „Der Engel mit dem Marmorkuchen ... und andere Geschichten zur Weihnacht".